365 DAGEN ONZE NATUUR

Lannoo

Hé, curieuzeneus!

Wat leuk dat je deze natuurkalender in huis haalde of cadeau kreeg! Onze Belgische natuur kent zoveel geheimen en biedt zoveel schoonheid dat wij die graag met je delen. In deze natuurkalender trakteren we je elke dag op een verbazend wist-je-datje, een leuke doe-tip, een wild verhaal of een bijzonder fenomeen uit *Onze Natuur*. Elke bladzijde is bovendien voorzien van een natuurbeeld om bij weg te dromen.

'Wij'? Dat is het team achter *Onze Natuur*, een vrolijke bende wilde natuurliefhebbers, cameramannen, tekstschrijvers, videografen en producers met een groen hart. Wij kijken met grote ogen naar onze Belgische natuur, vol bewondering voor de kleinste details. Dat doen we allemaal met een nobel doel. Al sinds maart 2019 zijn onze twee cameraploegen op safari door eigen land om onze Belgische fauna en flora op een heel nieuwe manier in beeld te brengen, van de Ardense bossen tot de zeeduinen van Het Zwin. Het resultaat van die natuurexpeditie kun je zien in *Onze Natuur, De Film* en in een unieke reeks natuurdocumentaires op Canvas en RTL.

Daar blijft het niet bij. Met een website en verschillende socialemedia-kanalen vol boeiende natuurcontent, maar ook met een reeks boeken en spelletjes voor jong en oud brengen we onze Belgische natuur nog dichterbij. Zo willen we jou en elf miljoen Belgen laten zien dat we grenzeloos trots mogen zijn op wat zich afspeelt in onze eigen achter-tuin. Als je met fierheid en respect naar *Onze Natuur* kijkt, zul je ze vanzelf beter beschermen.

Kun je niet meer wachten? Lees deze kalender dan in één ruk uit, blader erin of laat je elke ochtend verrassen door een nieuw weetje. Of je nu een jonge speelvogel, een zondagse avonturier, een fanatieke wereldverbeteraar, een toevallige lezer of een zelfverklaarde natuurexpert bent, deze kalender is er om elke dag van het jaar met volle teugen van *Onze Natuur* te genieten.

Veel plezier!

ONZE NATUUR

hotel hungaria

AGENTSCHAP NATUUR & BOS

Vlaanderen is natuur

vrt

Beeldverantwoording

Beelden zijn afkomstig van:
Onze Natuur, Vilda & Shutterstock.

www.lannoo.com

Registreer u op onze website en we sturen u regelmatig een nieuwsbrief met informatie over nieuwe boeken en met interessante, exclusieve aanbiedingen.

Vormgeving: Studio Lannoo (Mieke Verloigne)
i.s.m. Keppie & Keppie

D/2022/45/419 – ISBN 978 94 014 8335 3 – NUR 410

01 JANUARI

ONZE NATUUR

NIEUWJAARSDAG

Spring het nieuwe jaar in!

Niets zo leuk om te observeren als een vos op jacht, zeker wanneer het landschap bedekt is met een laagje poedersneeuw. Eerst neemt hij zijn positie in, spitst hij zijn oren en gaat zijn kopje naar links en naar rechts. Dan zakt hij door zijn poten om zich flink af te zetten en als een springveer de lucht in te wippen, om vervolgens – kop eerst – in de sneeuw te duiken. Wonder boven wonder komt hij dan vaak weer piepen met een prooi in zijn bek.

Hoe zit dat trucje in elkaar? Vossen hebben een uitzonderlijk goed gehoor voor geluiden met een lage frequentie. Denk bijvoorbeeld aan een muis die een halve meter onder de grond voorbijtrippelt. Zo kunnen ze kleine knaagdieren dus makkelijk lokaliseren wanneer hun zicht beperkt is door hoge begroeiing of sneeuw.

Wetenschappers vermoeden bovendien dat de vos een soort inwendig kompas bezit, waarmee hij het magnetisch veld van de aarde kan aanvoelen en – door bepaalde moleculen in zijn oogbol – zelfs kan zien. Hij gebruikt dat magnetisch veld om de afstand tot zijn prooi te meten. Zo weet hij exact hoe ver en in welke richting hij moet springen om zijn lunch te pakken te krijgen. Succes verzekerd!

31 DECEMBER

OUDEJAARSAVOND

Aangeschoten wild

Wist je dat vogels ook dronken kunnen worden? Niet als ze een glaasje te veel ophebben, wel als ze zich tegoed hebben gedaan aan een snavel vol fermenterende bessen. Hoe langer een trosje bessen aan de struik blijft hangen, hoe hoger de kans op een aanzienlijk alcoholgehalte – met dank aan het natuurlijke rottingsproces. Zeker in de winter, wanneer voedsel schaars is, durven hongerige vogels zich weleens aan zo'n gistende fruitsalade te wagen.

Zie je op oudejaarsavond een zwalpende merel door de lucht zigzaggen, een laveloze spreeuw van een tak vallen of een zanglijster met een stuk in zijn kraag onder een struik liggen? En zie je hem nog steeds nadat je in je arm geknepen en in je ogen gewreven hebt? Dan mag je er zeker van zijn dat niet jij, maar hij de zuipschuit van de avond is!

02 JANUARI

De kruiper en de klever

Boomklever en **boomkruiper** worden vaak in één adem genoemd, maar zijn nauwelijks aan elkaar verwant. Ook hun op het eerste gezicht soortgelijke gedrag op en rond boomstammen kent heel wat verschillen. De bruinige boomkruiper begint zijn zoektocht naar insecten onder aan een boom, waarna hij geleidelijk naar boven spiraalt. Zijn stevige staart dient als steunpilaar tijdens het klimmen. Zodra hij de top bereikt, vliegt hij naar de onderkant van een volgende boom.

De blauwige boomklever heeft een andere tactiek. Hij hupt even fluks omhoog als omlaag – soms zelfs met de kop naar beneden. Een steunstaart heeft hij niet nodig, voor zijn veiligheid rekent hij op zijn krachtige, langtenige poten. Eén poot positioneert hij steeds wat hoger, zodat die het volledige gewicht van de vogel moet dragen. Daarom lijkt de boomklever altijd wat 'scheef' te hangen, terwijl de boomkruiper zijn poten netjes parallel houdt.

30 DECEMBER

Bordspelletjes voor speelvogels

We spelen een spel vanavond! De feestdagen zijn het ideale moment om gezellig rond de tafel te zitten met een gezelschapsspel. In het prijzen winnende bordspel ***Wingspan*** ga je aan de slag in je eigen vogelopvangcentrum. Dit spel met 170 prachtig geïllustreerde vogelkaarten – en dan hebben we het nog niet over de uitbreidingen gehad – zit bomvol leuke vogelweetjes waar je een hele vakantie zoet mee bent. Er zijn trouwens nog veel meer leuke gezelschapsspellen in natuurthema om je innerlijke speelvogel los te laten. Bouw je eigen koraalrif in *Reef*, vul je tuin met kruiden in *Herbaceous*, beheer een vrolijk beestenbos in *Everdell* of ga de klimaatstrijd aan in *Evolution: Climate*.

03 JANUARI

ONZE NATUUR

Natuurgebied van de maand: de Kalkense Meersen

Rust, stilte, kunst en veel water: die ingrediënten wachten je op wanneer je een dagje Kalkense Meersen op het menu hebt staan. ’s Winters krijg je er gratis het gezelschap van duizenden water- en weidevogels bij die overwinteren in het uitgestrekte overstromingsgebied.

In de Kalkense Meersen wordt maar liefst 600 hectare nat grasland afgezoomd met grachten, sloten, rietkragen, knotwilgen en de Schelde. Dat levert een vlak, maar uniek lappendeken op met een bijzondere aantrekkingskracht voor vogels. Een markante eyecatcher in dit gebied is het ‘Salicetum’, een plek waar kunstenaar Will Beckers het vlechten van wilgentenen tot een ware kunst verheven heeft.

Laat je auto achter in de dorpskom van Schellebelle, vanwaaruit je te voet naar de veerpont kunt wandelen. Die brengt je in enkele minuten tijd naar het startpunt van bewegwijzerde wandelingen aan de overkant van de Schelde.

29 DECEMBER

ONZE NATUUR

Weg met de zonnebaars

Zwemt er een zonnebaars in je tuinvijver rond? Laat hem daar dan vooral zitten en zorg dat hij niet kan ontsnappen of zich kan voortplanten – en dat doet hij met veel gemak. Sinds 2019 staat deze vis namelijk op de Europese Unielijst van soorten die de inheemse natuur ernstig bedreigen. Deze invasieve exoot zou namelijk een aanzienlijke rol spelen in de bedreiging en het verdwijnen van zeldzame inheemse amfibieën, zoals de boomkikker, de kamsalamander en de knoflookpad.

Voor onze biodiversiteit betekent de zonnebaars dus niet veel goeds, maar in je vijver kan hij – los van zijn esthetische meerwaarde – ook best nuttig zijn. Hij voedt zich namelijk met muggenlarven, bloedzuigers en wormen die op andere vissoorten parasiteren. Met een beetje geduld kun je jouw zonnebaars zelfs leren om hapjes regenworm uit je hand te eten. Geniet nog even van jouw laatste exemplaar, want sinds 2016 zijn zonnebaarzen niet meer in de handel te verkrijgen en mag je er ook niet mee kweken.

04 JANUARI

ONZE NATUUR

Gravity boots

De **laatvlieger** is met een spanwijdte van zo'n 38 centimeter een van onze grootste vleermuizen, al weegt hij amper 20 gram. 's Winters brengt hij maandenlang ondersteboven door, onder andere op kerkzolders en in spouwmuren. Zodra hij zich met de achterpoten vasthaakt aan zijn slaapplek, blokkeren de pezen in zijn poten en kan hij onbepaalde tijd blijven hangen zonder spierkracht te gebruiken. Maar hoe komt het dat hij niet helemaal murw wordt van die 'onnatuurlijke' positie?

Er is een goede reden dat *gravity boots* nooit hip geworden zijn: de meeste mensen kunnen amper enkele minuten ondersteboven blijven hangen. Ons hoofd is letterlijk te klein voor al het bloed dat onder invloed van de zwaartekracht naar beneden stroomt. Maar diezelfde zwaartekracht heeft nauwelijks invloed op de bloedcirculatie van lichtgewicht vleermuizen. Voor ons lijkt het heel ongemakkelijk om met het hoofd naar beneden te slapen, voor een vleermuis voelt het als thuiskomen en op de bank ploffen.

28 DECEMBER

ONZE NATUUR

Het seksleven van een truffel

De truffel onderscheidt zich van andere paddenstoelen in de manier waarop hij zich voortplant. Dat doet hij namelijk uitsluitend op een seksuele manier. In tegenstelling tot de meeste paddenstoelen heeft de truffel dus een seksleven. Minder gezwam, meer bambam? Hoewel truffels het potentieel hebben om tweeslachtig (hermafrodiet) te zijn, kunnen ze zichzelf niet bevruchten. Onderzoek heeft aangetoond dat truffels die geschikt zijn voor consumptie het resultaat zijn van de voortplanting tussen een groot, vrouwelijk exemplaar dat verschillende jaren leeft en een kleiner, mannelijk exemplaar dat slechts één jaar overleeft. Wat ze ook kunnen, is hun geslacht aanpassen aan de concurrentie in hun omgeving. Zijn er veel vrouwelijke truffels in de buurt? Dan nemen nieuwe truffels het mannelijke geslachtstype aan om hun kansen op voortplanting te vergroten.

05 JANUARI

ONZE NATUUR

Korstmossen meten luchtkwaliteit

Korstmossen lijken banale bodem- en boombedekkers, maar ze leren ons van alles over de natuur om ons heen. Zo gebruiken wetenschappers korstmossen al jaren om de luchtkwaliteit te meten. Niet dat korstmossen ons exact kunnen vertellen hoeveel zwaveldioxide of stikstof er in de lucht hangt, maar ze geven wel een goede indicatie.

Wil je weten hoe jij kunt zien of de lucht die je inademt gezond is? Sommige soorten geven specifieke informatie. De aanwezigheid van groene schotelkorst is bijvoorbeeld een teken dat er veel zwaveldioxide in de lucht hangt, gele dooiermossen duiden op veel stikstof en eikenmos gedijt goed in een zure omgeving. Over het algemeen geldt: hoe meer korstmossen, hoe beter de lucht. Zie je geen of alleen maar korstvormige korstmossen op de bomen? Dan is de lucht erg vies. Zie je vooral groen poeder (algen)? Ook dat is geen goed teken. Bomen die bedekt zijn met grijze, bladvormige en struikvormige korstmossoorten daarentegen zijn een duidelijke aanwijzing van gezonde, schone lucht.

27 DECEMBER

Gevoelige lepel

De **lepelaar** zie je hier vooral als doortrekker, al komt hij zelden ook tot broeden. Je kunt het niet over deze prachtige vogel hebben zonder zijn bijzondere snavel te benoemen. Die heeft de vorm van een lange lepel, waarmee hij ijverig door water en modder roert, op zoek naar kleine vissen, insecten, weekdieren, wormen en amfibieën.

Tijdens de jacht waadt de lepelaar met trage, lange passen door het water, terwijl hij met zijn snavel links en rechts naar lekkers zoekt. Het uiteinde van de lepel is hypergevoelig door de vele tasthaartjes. Daarmee voelt hij prooien aankomen nog voor hij ze aanraakt. Als hij eenmaal raak geschoten heeft, werpt de lepelaar zijn vangst omhoog om ze behendig weer op te vangen en door te slikken.

06 JANUARI

DRIEKONINGEN

Geen grandeur voor het winterkoninkje

Officieel moeten we deze vogel eigenlijk 'winterkoning' noemen, maar dat matcht niet echt met zijn bescheiden

voorkomen. Met zijn maatje XS van nog geen 10 centimeter en een pluimgewichtje van 8 à 9 gram is hij een van de kleinste broedvogels in Europa, dus houden vogelliefhebbers graag vast aan zijn schattige koosnaampje in verkleinvorm. Opvallen met zijn majestueuze verenkleed doet hij ook al niet, want zowel het mannetje als het vrouwtje hult zich in sobere, bruine camouflagekleuren.

Van goud, mirre en wierook wordt de winterkoning niet bepaald warm, maar met een lekker insectje kun je hem wel een plezier doen. Het liefst van al peutert hij ze met zijn fijne snavel tussen smalle spleten in de boomschors uit. Tijdens de wintermaanden is het aanbod op het buffet in onze natuur wel wat teleurstellend... Aarzel dus niet om vandaag kwistig met vogelvoer te strooien in je tuin! Het winterkoninkje verkiest een beschutte lunchplek op of laag bij de grond, dus zorg dat er zeker ook wat zaadjes, broodkruimels en gedroogde meelwormen naast de voederplank belanden.

26 DECEMBER

Wandel je warm

De kerstvakantie is de ideale periode om hart en lichaam te verwarmen met een fikse wandeling. Waarom nog wachten tot na de feestdagen om meer te gaan bewegen! Ben je nog op zoek naar een verrassende plek om te feest... eh, wandelen? Ga ganzen spotten in de Uitkerkse Polders aan zee, verken de rivierduinen in Wetteren, ontmoet grote grazers op het Noordelijk Eiland in Bornem of wandel tussen eeuwenoude reuzen in het Zoniënwoud. Scan de QR-code en laat je verrassen door nog meer winterse, soms zelfs sprookjesachtige wandelingen in de Belgische natuur.

07 JANUARI

ONZE NATUUR

Strandvondsten

Schelpjes tellen en bloemen verkopen, dat houden we voor de zomer. Voor de echt interessante schelpen en andere strandvondsten trek je er het best opuit in de herfst, de winter of vroege lente. Doe dat zeker na koud en stormachtig weer. Het woelige water brengt dan schelpen aan de oppervlakte die anders in de diepzee leven. Het koude weer maakt weekdieren ook minder actief. Als ze dan aanspoelen, hebben ze niet genoeg energie om zich opnieuw in te graven en voor je te verstoppen.

Heeft het niet echt gestormd, dan zit de wind hopelijk mee, want die bepaalt wat er aanspoelt op het strand. Als de wind van over de zee landinwaarts (van west naar oost) blaast, dan spoelen vooral veel lichte, drijvende dingen zoals zeewier en plastic afval aan. Wind die van over het land naar de zee waait (van oost naar west), duwt die drijvende dingen net richting zee. De onderstroom op de zeebodem richting kust spoelt vooral zwaardere voorwerpen aan. Met wat geluk zitten daar prachtige schelpen, fossielen, mammoetbeenderen of zelfs wrakstukken van lang geleden vergane schepen tussen.

25 DECEMBER

KERSTDAG

O, sparrenboom

We zingen wel allemaal luidkeels van 'O, dennenboom', maar eigenlijk is die immer groene boom vol fonkelende lichtjes in je woonkamer geen den, maar een spar. Waarom dan die verwarring? Laten we het op een vertaalfoutje steken. De originele versie van het befaamde kerstliedje zag namelijk het levenslicht bij onze oosterburen, waar ze het over een *Tannenbaum* hebben. Van dit Duitse woord voor 'spar' maakten wij hier gemakshalve 'dennenboom' en de rest is geschiedenis.

Toch zijn beide naaldbomen makkelijk van elkaar te onderscheiden. Zo staan de lange, ronde naalden bij een den met twee of meer stuks bij elkaar, terwijl een spar kortere, alleenstaande naalden met een platte of hoekige vorm heeft. En ook de 'appels' zien er best anders uit: de dennenappel van de grove den is wat ronder van vorm en houtachtig van textuur, terwijl de vruchtkegel van de fijnspar eerder langwerpig is en leerachtig aanvoelt.

08 JANUARI

ONZE NATUUR

Ik wil de roodste hebben...

Heb je dit parmantige vogeltje al op je voedertafel gespot? De **goudvink** is – net zoals andere vinkachtigen – verzot op bonte zadenmengelingen en gebroken mais. Zijn korte, stevige kegelsnavel vormt het perfecte gereedschap om meedogenloos zaden open te breken.

De kleurrijke borst van het mannetje komt over enkele maanden goed van pas. Hoe feller zijn kleur, hoe sneller een vrouwtje voor hem zal vallen. Dat komt omdat blitse kleuren in onze natuur een teken zijn van vitaliteit. Een mannetje dat de nodige blingbling kan etaleren, zal dan ook sneller een partner vinden dan een grijze muis. Hoe groter de kleurverschillen tussen meneer en mevrouw vogel, hoe strenger het vrouwtje selecteert.

24 DECEMBER

KERSTAVOND

Cadeautje ter afleiding

Kerstavond, dat wil zeggen: pakjestijd! Welke cadeautjes leg jij vanavond onder de boom voor je lief, oom, buurvrouw of petekind? We durven erom te wedden dat jouw inpakpapier er vrolijker uitziet dan wat de **kraamwebspin** gebruikt om het geschenk voor zijn vrouwtje in te wikkelen. Je raadt het al... spinrag! Heel normaal in de wereld van de achtpotigen.

En ook de inhoud van het pakje zal je niet verbazen. Om te vermijden dat het vrouwtje haar toekomstige minnaar als een prooi aanziet en hem gewelddadig te lijf gaat, geeft de kraamwebspin haar alvast een lekker hapje ter afleiding. Terwijl vrouwlief haar tanden in het sappige insect zet, kan hij rustig met haar paren zonder gebeten te worden. De liefde van de kraamwebspin gaat duidelijk door de maag.

09 JANUARI

ONZE NATUUR

Hitsig in de winter

De **sneeuwvlo** of **sneeuwspringer** is een geval apart. Terwijl de meeste insecten de winter mijden als de pest – ze overleven als ei, larve, pop of in een winterslaap – voelt de sneeuwvlo zich net springlevend bij barre temperaturen. Hij zoekt zelfs een partner uit tijdens de koudste periode van het jaar.

Dat dit piepkleine insect van amper 4 millimeter groot kan overleven in de kou, heeft het te danken aan een soort inwendig antivriesmiddel. Bovendien heeft het een donkere kleur, die snel opwarmt. De larven van de sneeuwspringer zijn trouwens een heel andere levensstijl gewoon: zij overleven diep onder de grond, waar temperaturen tot 30°C en meer geen aardigheid zijn. Kun jij nog volgen?

ONZE NATUUR

23 DECEMBER

Winterse kostuumwissel

Heb je een zeldzame albino-hermelijn door de sneeuw zien rennen? Wrijf je ogen dan nog eens goed uit, dan zul je al snel opmerken dat het puntje van zijn staart onveranderd zwart is gebleven. Proficiat, je hebt deze hyperactieve marterachtige kunnen spotten in zijn wintervacht! Zodra de temperaturen onder -1 °C zakken, verdwijnt de **hermelijn** immers even achter de coulissen voor een kostuumwissel, om vervolgens Soundmixshow-gewijs weer tevoorschijn te komen in een hagelwitte jas.

Hoe dat komt? Tijdens de wintermaanden neemt de hoeveelheid zonlicht en het aantal uv-stralen af, waardoor de hermelijn begint te ruien en het melanocyt-stimulerend hormoon MSH (of melanotropine) in zijn lichaam minder actief wordt. Hoe minder melanine, hoe bleker de vacht of de huid, dus krijgt de hermelijn langzaam maar zeker een witte pels. Zo kan hij perfect gecamoufleerd door een noordelijk sneeuwlandschap huppelen om aan roofdieren te ontsnappen. Wil je ook bij ons zo'n witte hermelijn spotten, dan kun je maar beter je vingers kruisen en hopen dat we nog enkele witte winters mogen meemaken in ons land...

10 JANUARI

ONZE NATUUR

Bedreigd door kreeftenpest

Wist je dat de **Europese rivierkreeft** of edelkreeft alleen nog in enkele Waalse wateren voorkomt? Dit kleine schaaldier wordt ernstig bedreigd door de aanwezigheid van geïmporteerde, Californische rivierkreeften. Deze exoten dragen een parasiet met zich mee die de kreeftenpest veroorzaakt, een schimmelinfectie waar ze zelf immuun voor zijn, maar die nefast is voor onze edelkreeften. Op enkele weken tijd kan deze schimmel een volledige populatie rivierkreeften uitroeien.

Maar ook het verlies van zijn habitat en de achteruitgang van de waterkwaliteit zijn een reële bedreiging. De Europese rivierkreeft is erg gevoelig voor waterverontreiniging, dus zul je ze enkel aantreffen in kraakhelder, onvervuild water. Om te voorkomen dat de soort definitief verdwijnt, is het ten strengste verboden om inheemse rivierkreeften te vangen.

22 DECEMBER

ONZE NATUUR

2 miljoen bedgenoten

Helaas, deze titel gaat wel degelijk over jouw eigenste bed... De kriebelige realiteit is dat daar gemiddeld zo'n 2 miljoen **huisstofmijten** wonen. Gelukkig zijn ze zo klein – slechts een fractie van een millimeter – dat je ze met het blote oog niet kunt zien. Zou jij er anders nog gezellig bij gaan liggen?

Wie ziedende jeuk krijgt bij het lezen van bovenstaande regels, kunnen we geruststellen. Het is heel normaal dat deze kleine huidschilfervreters zich in jouw bed verschansen. Het is er warm, donker, vochtig én er ligt een overvloed aan voedsel voor het rapen. De hemel op aarde voor een leger huisstofmijten!

Gelukkig hoef je je niet te veel zorgen te maken over je minuscule bedgenoten. Deze kleine spinachtigen bijten of steken niet en zolang je niet allergisch reageert, zijn je longen prima in staat om hun uitwerpselen en velletjes uit jouw ingeademde lucht te filteren. Door je slaapkamer goed te luchten en je beddengoed regelmatig in de zon te hangen, houd je hun populatie binnen de perken.

11 JANUARI

Zero waste de natuur in

Het is nooit te laat om goede voornemens te maken. Waarom maak je dit jaar geen werk van afvalvrije natuuruitstapjes? Met deze tips ben je perfect voorbereid voor een zero-waste-pauze in het groen.

— Vul je drinkfles voor je vertrekt met kraanwater of een ander drankje en betaal nooit meer voor die plastic wegwerpverpakkingen.
— Investeer in een geïsoleerde drinkfles. Zo geniet je tot negen uur lang van warme drankjes bij koud weer en omgekeerd.
— Pasta, salades of dips kun je makkelijk en zonder gevaar op lekken meenemen in een glazen pot. Bewaar dit jaar dus een paar lege jampotten zodat je er altijd in voorraad hebt.
— Neem altijd een leeg papieren zakje mee of gebruik een lege bewaardoos om restjes, verpakkingen of gebruikt bestek netjes in op te bergen en terug mee naar huis te nemen.
— Maak je eigen picknick of vieruurtje: smeer thuis een broodje of bak een cake. Wikkel het in een brooddoek of sandwichwrap, of verpak het in herbruikbaar bijenwasdoek. Nog een vork, een mes en wat stoffen servetten en je bent klaar voor je afvalvrije snack.

21 DECEMBER

START VAN DE WINTER

ONZE NATUUR

Overwinteren onder ijs

Brrr... De winter is nu echt begonnen. Straks duiken de temperaturen weer onder nul en vriezen waterplassen dicht. Maar wat gebeurt er met de vissen en waterinsecten die tijdens de winter actief blijven en onder dat ijslaagje leven? Voor die is het zaak om zo ver mogelijk weg te blijven van het ijs, anders lopen ze het risico opgeslokt te worden door de ijskristallen en dood te vriezen. Vissen zoeken bij vorst liever de diepte op, en als ze die niet vinden in hun eigen plas of sloot, trekken ze op wintervakantie naar warmere wateren.

Veel kikkers en andere amfibieën houden een ondergrondse winterslaap. Ze verstoppen zich in een holte, in de sliblaag of tussen planten en algen, waar ze hun lichaam in sluimerstand zetten. Slakken en andere ongewervelden-met-een-huisje metselen de ingang van hun schelp dicht om de kou buiten te houden. Slim! Zo zouden wij de koude maanden ook wel willen doorbrengen... Maar wel vervelend als je nog naar buiten wilt om een wintervoorraad in te slaan.

12 JANUARI

Slim tijd rekken

Wat als... je je zwangerschap kon uitstellen tot het moment dat het voor jou het beste uitkomt om met een bolle buik rond te lopen? De **das** is een van die bijzondere diersoorten die zelf kan bepalen wanneer de vrucht in de baarmoeder zich verder gaat ontwikkelen. Zo kan een dassenvrouwtje in principe het hele jaar rond paren, maar toch pas bevallen wanneer de lente – met haar overvloed aan voedsel – in aantocht is. *It's magic!*

Hoe dat in zijn werk gaat? In de zomer en het najaar legt de das een stevige vetreserve in haar lichaam aan. Zo draagt ze een voorraadje met zich mee waarop ze kan teren tijdens de koude maanden, wanneer voedsel schaars is. Zodra het zover is en haar lichaam die vetten begint af te breken, komt er ook een grote hoeveelheid hormonen in haar bloed terecht. Dat is het startsein voor de bevruchte eicellen om zich in de baarmoederwand te nestelen, waarna de embryo's zich verder ontwikkelen. Na een draagtijd van acht weken komen de babydasjes precies op het goede moment ter wereld. Geen magie, maar biologie dus!

20 DECEMBER

ONZE NATUUR

Een kopje hulst, iemand?

Je kent hulst (*Ilex aquifolium*) misschien van kerststukjes, maar deze altijdgroene heester heeft nog andere troeven. In het voorjaar snoepen bijen en zweefvliegen van de nectar uit de witte bloemetjes, terwijl vogels zich verschuilen tussen de takken. De frisgroene blaadjes vallen dan weer in de smaak bij het ree. En de felrode bessen in het najaar? Die hebben helaas minder fans. Ze zijn giftig voor mensen en vogels eten er alleen van als er geen andere te vinden zijn. Wat wel gesmaakt – of gedronken – werd, zijn de zaden van de hulst. Een aftreksel van hulstzaden stond in de Verenigde Staten lange tijd bekend als *black drink*, wat net als echte koffie een flinke dosis cafeïne bevat. Hulst is bovendien ook verwant aan maté, een hippe en verkwikkende infusie die de spijsvertering bevordert.

13 JANUARI

ONZE NATUUR

Holder de polder

In het noorden van West- en Oost-Vlaanderen vind je de Polders. De uitgestrekte, waterrijke vlakten zijn de perfecte plek voor vogelspotters. De Poldervlakte bestaat uit een unieke vegetatie met waardevolle graslanden en grachten. Die vormen het ideale broed- en overwinteringsgebied voor allerlei vogels, zoals de kluut en de blauwborst. De bruine kiekendief broedt ook in de Polders. In de winter kun je er de kleine rietgans, kolgans, grauwe gans, kemphaan, goudplevier en smient in actie zien. Ook de blauwe kiekendief en de velduil overwinteren in poldergebieden zoals de Uitkerkse Polders of het Zwin. Dus waar wacht je op? Haast je holder de polder richting de kust om al dat moois van dichtbij te bewonderen.

19 DECEMBER

IJsvogel is niet blauw en houdt niet van kou

Qué? Houd je vast, want de ijsvogel heeft heel wat uit te leggen. Zijn fonkelende kleurtje bijvoorbeeld is niet afkomstig van blauw pigment. Er zit zelfs helemaal geen kleurstof in zijn rugveren! Het opvallende turquoise is het resultaat van een optische illusie: de speciale structuur van zijn veren verstrooit het licht op zo'n manier dat ons oog vanuit elke hoek een andere tint blauw waarneemt.

En zijn naam dan? Die is erg misleidend, want het kleine, (niet-)blauwe vogeltje is helemaal hulpeloos wanneer een laag ijs zijn jachtterrein bedekt. Vastberaden om toch nog een visje te verschalken, vat het post bij het enige wak dat nog overblijft. Wanneer het echt lang koud is, verhongert een deel van de ijsvogelpopulatie.

14 JANUARI

ONZE NATUUR

Leven en laten leven

Zie je tijdens een strandwandeling een eindje verderop een **zeehond** in het zand liggen? Probeer dan je moeder- of vaderinstinct te bedwingen en loop er niet naartoe, want de kans is groot dat deze zeehond niet in nood is en gewoon ongestoord een dutje wil doen. Dat is heel normaal zeehondengedrag! Het is dan ook absoluut niet de bedoeling dat je hem bij zijn flippers richting de branding gaat slepen om hem weer de zee in te gooien.

In het water mogen zeehonden zich dan kiplekker voelen en zelfs uit nieuwsgierigheid eens aan je rubberbootje komen snuffelen, op het strand zijn ze heel wat minder zelfverzekerd. Als je de anatomie van een gemiddelde zeehond bekijkt, merk je meteen waarom: dit dier is niet gemaakt om zich vlot voort te bewegen aan land. Wanneer hij zich bedreigd voelt, kan hij zich niet zo snel uit de voeten maken en raakt hij erg gestresseerd. Houd dus afstand – minstens 20 meter – en houd je hond goed aan de leiband als je een aanval wilt vermijden. Vermoed je dat de zeehond toch gewond of ziek is, neem dan contact op met het zeehondenopvangcentrum Sea Life in Blankenberge.

18 DECEMBER

ONZE NATUUR

Zeepuisten

Je ziet ze weleens op een golfbreker, op de houten palen van een steiger of op de romp van schepen, als een soort kalkachtige puisten: **zeepokken**. Wie deze diertjes van wat dichterbij bestudeert, zal zien dat het eigenlijk minuscule kreeftjes zijn. Hun witte, steenharde behuizing kunnen ze bij eb volledig afsluiten, wat ervoor zorgt dat ze enkele uren zonder water kunnen overleven.

Stijgt het zeewater weer, dan steken ze hun lange pootjes naar buiten en filteren ze met wapperende bewegingen plankton uit het water. Waterpokken zitten vaak gezellig bij elkaar, want als ze met al hun pootjes tegelijk zwaaien, kunnen ze een stroming in het water creëren en efficiënter plankton vangen. *Teamwork makes the dream work!*

15 JANUARI

Maak zelf natuurlijke inkt

Op eikenbomen groeien heel veel soorten gallen. Galappels, vaak zichtbaar aan de onderkant van bladeren, ontstaan als reactie op de eitjes van de galwesp. Als die eitjes in aanraking komen met een eikenblad, maakt het blad extra plantenweefsel aan rondom de eitjes. Het resultaat zijn groene of rode, appelvormige bolletjes waarin de larven zich rond eten en uiteindelijk verpoppen. Wanneer de eik laat op het jaar zijn bladeren laat vallen, vind je dus ook gallen op de grond. Daar liggen ze te wachten tot jij ze opraapt voor een leuke DIY. Je kunt heel eenvoudig echte natuurinkt maken van galappels: verpulver ze en meng de pulp met een vloeistof zoals water of wijn. Ziezo, je inkt is klaar!

Al sinds de late middeleeuwen gebruikt de mens galappels om inkt te produceren. De manuscripten van Leonardo da Vinci, partituren van Bach en de kunstwerken van Rembrandt zijn stuk voor stuk historische werken waarop sporen van galappelinkt teruggevonden werden. Binnenkort dus ook op jouw kunstwerk of tekening.

17 DECEMBER

ONZE NATUUR

Insect met stinkbom

Met de winter in aantocht verandert jouw huis ongemerkt in het grootste insectenhotel van je tuin. De meeste zespoters die van jouw gastvrijheid gebruikmaken, merk je vast niet op, maar de **grauwe schildwants** is zo groot, luid en geurig dat je er niet naast kunt kijken. Gelukkig is het diertje helemaal onschadelijk. En zolang je het met rust laat, hoef je niet te vrezen voor zijn walgelijke geur.

Maar wees gewaarschuwd: wanneer je deze opvallende huisgast plattrapt, vastklemt of je grijpgrage kat erop afstuurt, krijg je zijn stinkbom er gratis bij. Uit pure zelfverdediging stuurt de wants bij gevaar instant een wit goedje, geurend naar afwasmiddel met een bitterzoete toets, de wereld in. Jakkes!

Heb je deze klungelige vlieger liever niet in huis? Probeer hem dan op een vriendelijke manier te vangen, bijvoorbeeld door hem op een postkaart te laten kruipen. Laat hem ver genoeg van je huis weer vrij, op een beschutte en warme plek.

16 JANUARI

DAG VAN DE SNEEUW

ONZE NATUUR

Sneeuwklokje laat zijn kopje zien

Vandaag is het de Internationale Dag van de Sneeuw! Of ons land nu wel of niet onder een kraakwit poederlaagje bedekt ligt, konden we bij het ter perse gaan van deze kalender niet voorspellen. De kans is wel groot dat je her en der al een voorzichtig teken van leven ziet opduiken. Het sneeuwklokje is per definitie de eerste bloem van het jaar die hier en daar in tuinen en borders opduikt.

Ondanks zijn frêle uiterlijk, met dat hangende kopje en drie sierlijke, witte bloemblaadjes, staat deze winterse bloeier stevig in zijn schoenen. Deze plant ontspruit namelijk aan een bol bomvol voedselreserves, waardoor hij in januari al met volle kracht richting winterzonnetje groeit. Riskante onderneming wel, de buitenlucht opzoeken wanneer de temperaturen nog flink de dieperik in kunnen duiken...

Kapotvriezen doet het sneeuwklokje echter niet, dankzij speciale antivrieseiwitten, die voorkomen dat er scherpe ijskristallen ontstaan die het jonge plantje kunnen beschadigen. Is het zo koud dat zelfs het grondwater bevriest? Dan laat het sneeuwklokje zijn kopje hangen of legt het zich even te rusten op de grond tot het weer warmer wordt, waarna het zich weer fier opricht.

16 DECEMBER

ONZE NATUUR

Nodig eens een vleermuis uit

Kieren en spleten in huizen worden steeds schaarser en dus hebben vleermuizen het steeds moeilijker om geschikte schuilplaatsen te vinden. Help jij ze een handje? Door een vleermuizenkast op te hangen in je tuin of buurt bied je deze winterslapers een veilige plek om de koudste maanden van het jaar door te brengen. Vleermuizen slapen het liefst in een koele, enigszins vochtige maar vorstvrije ruimte. Een houten kast is ideaal, want hout isoleert goed.

Heb je veel ruimte in de tuin? Hang dan meerdere vleermuiskasten op verschillende hoogtes, minstens 300 centimeter van de grond én in verschillende richtingen. Gevels of stevige bomen die enkele uren per dag in de zon staan en een vrije aanvliegroute hebben, zijn ideale hangplaatsen. Daarna is het wachten. De kans is groot dat de eerste bezoeker een gewone dwergvleermuis is. Deze soort vertoeft vaak in de buurt van mensen en jaagt 's nachts op muggen en vliegen in onze tuinen. Insectenbestrijding in ruil voor voedsel en onderdak heet dat dan. Je mag de vleermuiskasten na de winter trouwens gerust laten hangen. In de zomer doen ze dienst als nestplaats.

17 JANUARI

ONZE NATUUR

Kurkentrekkerpenis

In de winter worden de eerste **eendenkoppels** gevormd. Op eendenvijvers is het dan een bedrijvigheid van jewelste. De mannetjes imponeren de vrouwtjes met hun kleurrijke prachtkleed. Al baltsend draaien de eenden om elkaar heen, terwijl ze met hun kop knikken. Het vrouwtje houdt haar kop laag boven het water en zwemt voor haar uitverkorene uit.

Pas in het voorjaar begint de echte paartijd. Die kan er ruw aan toegaan, want hitsige eendenmannetjes zijn tot alles in staat onder invloed van hun hormonen. Om te beschermen tegen verkrachting is de eendenvagina tot een spiraalvorm geëvolueerd. Alleen wanneer het vrouwtje zich totaal ontspant, is de woerdenpenis welkom. Als tegenreactie ontwikkelde de mannetjeseend een penis in de vorm van een kurkentrekker...

15 DECEMBER

ONZE NATUUR

Onderwaterwinter

Net als andere amfibieën is de kikker een koudbloedig dier. Wanneer de temperaturen zakken, daalt zijn stofwisseling en vertraagt zijn ademhaling: hij gaat in winterrust. Sommige soorten zoeken aan land een veilig en beschut schuilplekje, maar de **meerkikker** brengt het koude seizoen liever in het water door. Niet midden in een vijver, maar in een holte langs de oever, in de sliblaag of tussen waterplanten die dicht bij elkaar groeien. Ademen doet hij dan via zijn huid, die zo goed doorbloed is dat hij zuurstof rechtstreeks uit het water kan opnemen.

Om succesvol te overwinteren heeft de meerkikker genoeg aan een omgevingstemperatuur van zo'n 5 °C. Veel kouder wordt het onder water meestal niet, ook niet wanneer de vijver of poel dichtvriest. En zelfs wanneer hij een tijdje in temperaturen onder nul moet doorbrengen, houdt hij dapper stand. Zijn lever produceert dan een grote hoeveelheid glucose, die werkt als een soort anti-vriesmiddel: zijn bloed wordt stroperig en voorkomt dat scherpe ijskristallen onherroepelijke schade aanrichten aan zijn lichaamscellen.

18 JANUARI

ONZE NATUUR

Een reuzenbovist of een voetbal?

De reuzenbovist (*Calvatia gigantea*) heeft zijn naam niet gestolen. Deze gigantische, witte paddenstoel (50 tot 75 centimeter doorsnede) kun je bij vochtig en warm weer terugvinden in weilanden, loofbossen, parken en tuinen. Van ver lijkt de enorme, witte bol op een voetbal. Als je maar niet in de verleiding komt om ertegen te trappen, want wat er dan gebeurt met deze reusachtige stuifzwam is eigenlijk nog imposanter dan zijn uiterlijk. De reuzenbovist produceert een stuifwolk van miljarden sporen. Een Amerikaanse wetenschapper slaagde er zelfs in om te meten hoeveel sporen hij precies verspreidt. Het antwoord is buitensporig... Eén enkele bovist verspreidt maar liefst 5000 miljard (!) sporen. Ronduit indrukwekkend!

14 DECEMBER

ONZE NATUUR

Noordzee in zicht

De Noordzee is het grootste beschermde natuurgebied van België. Waar de zee en het land samenkomen, vind je een prachtige biotoop met unieke planten en dieren die leven onder regie van de getijden. Wimperdiertjes, zeepokken en plankton zoals roeipootkreeftjes vormen de allerkleinste bewoners van onze zee. Sommige daarvan kun je zelfs niet waarnemen met het blote oog. Zijn er ook uit de kluiten gewassen Noordzeebewoners? Jazeker. De bruinvis, de gewone en de grijze zeehond behoren tot de grootste dieren aan onze kust. Daar kun je beslist niet naast kijken. Zeehonden vinden trouwens steeds vaker de weg terug naar onze wateren. Dankzij de inspanningen van natuurreservaat De IJzermonding kun je ze opnieuw spotten op het strand of in de haven. Onder andere in Nieuwpoort dobberen ze vaak rond.

19 JANUARI

Zanderige drollen

Deze kleine worstjes zand zijn afkomstig van de **zeepier** of **wadpier**. Die graaft zich in in de getijdenzone en verorbert hapjes zand. Daar filtert hij minuscule stukjes algen en bacteriën uit, waarna het zand er langs achteren weer uit komt. Wil je de strandworm eens in levenden lijve bewonderen? Ga dan op zoek naar een trechter in de buurt van een zandkakje. Onder die trechter houdt de meer dan 20 centimeter lange pier zich op.

13 DECEMBER

De magie van de Hoge Venen

Over de taalgrens, naar het oosten, ligt een van de meest ongerepte stukken wilde natuur van België: de Hoge Venen. Het oudste natuurreservaat van Wallonië telt 5000 hectare open veengebieden. De hoogste top, het Signaal van Botrange, steekt 694 meter boven het zeeniveau uit! De grootste kans op sneeuwval in de winter heb je in de Hoge Venen. Het magische winterlandschap trekt elk jaar duizenden wandelaars, maar ook in de zomer kun je er prachtige routes volgen over kilometerslange vlonderpaden.

Tienduizend jaar geleden groeiden er de eerste dikke veenmoskussens. Die slurpen als een gigantische spons grote hoeveelheden water op. Dat water vindt zijn weg terug naar het dal via tientallen beekjes en zijarmen die het veenlandschap doorkruisen. Ondanks de extreem voedselarme bodem vind je in de Hoge Venen wel extreem rijke natuur. Botanische parels als wolgras, lavendelheide, zevenster en kleine veenbes zijn royaal aanwezig. In april voltrekt zich een spektakel wanneer de flanken van het hoogplateau zich in de gele gloed van miljoenen wilde narcissen hullen. Ook qua fauna kun je spectaculaire waarnemingen doen. Naast groot wild als edelherten, reeën en everzwijnen zijn de hoogvenen het leefgebied voor zeldzame(re) soorten als de wilde kat, het korhoen en bijzondere broedvogels.

20 JANUARI

ONZE NATUUR

Akkervogel in de problemen

Oorspronkelijk was de **grauwe gors** geen akkervogel, maar een steppevogel. Als rasechte cultuurvolger profiteerde hij enkele tientallen jaren geleden van de kleinschalige akkerbouw die typisch was in onze contreien. Maar die keuze bleek vergiftigd, want al snel begon de landbouw op te schalen en bleken akkervogels de pineut. Wat eens de soort van de ondergang redde, werd nu hun grootste nachtmerrie. Van alle bedreigde akkervogels ging de grauwe gors het sterkst achteruit: 95% op vijftien jaar tijd.

Met een soortenbeschermingsprogramma voor akkervogels – naast de grauwe gors onder andere ook de gele kwikstaart, grauwe kiekendief, kievit, scholekster, geelgors en kwartel – probeert men met man en macht de akkervogelpopulaties in Vlaanderen te herstellen. Een belangrijk punt daarbij is het garanderen van genoeg voedsel (granen en zaden) in de wintermaanden door gemengde grasstroken aan te leggen en stoppelakkers te laten bestaan. De soort heeft het zelfs zo moeilijk dat nesten actief worden opgespoord en beschermd.

12 DECEMBER

Achter de schermen: pionierswerk met het vliegend hert

Camera-assistent Jeffrey van Houten: ‘Het vliegend hert verpopt van larve tot imago in de bodem en blijft ook als adult nog enkele maanden ondergronds leven. Omdat dat hele proces in het verborgene plaatsvindt, was het nooit eerder gefilmd, tot wij er ons aan waagden. Via een onderzoeker van vliegende herten kregen we een pop te pakken waarvan we wisten dat hij “elk moment” kon uitkomen. Maar wat is “elk moment”, voor een dier dat drie tot vijf jaar als larve leefde en zich enkele maanden in een cocon heeft teruggetrokken?

Er zat dus niks anders op dan de wacht op te trekken. Maar liefst 65 uur lang hebben Dick en ik die onbeweeglijke pop non-stop in de gaten gehouden, slapen deden we beurtelings. Op een bepaald moment – het was vier uur ’s nachts – zag ik eindelijk iets gebeuren. Snel maakte ik Dick wakker met het grote nieuws, die meteen begon te filmen. Het is zo bijzonder om dat als allereersten in beeld te brengen. Echt iets om trots op te zijn als natuurfilmmakers!’

21 JANUARI

Siamees vossen

Hoor je tussen december en februari 's nachts een vrouw in nood krijsen in het bos? Dan is de kans groot dat je met een loopse moer of vrouwtjesvos te maken hebt. Tijdens de paartijd kunnen ze de rillingen over je ruggengraat laten lopen met die ijselijke gil, terwijl de mannetjes of rekels eerder kort blaffen zoals een hond. Zodra ze elkaar gevonden hebben, moet het mannetje snel aan de slag, want het moertje is maar één tot zes dagen per jaar vruchtbaar.

Heb je het geluk een vossenkoppeltje te kunnen betrappen tijdens de daad? Blijf na de voorstelling dan zeker nog even zitten tot na de aftiteling, want de volhouders worden nog getrakteerd op de bloopers. Na het paren – wat op zijn hondjes gebeurt – zit de rekel namelijk nog een halfuurtje met z'n achterste aan de moer vast. Hun geslachtsdelen zijn op dat moment zo opgezwollen dat ze niet meteen weer hun eigen weg kunnen gaan. Niet zo handig na een beschamende onenightstand...

11 DECEMBER

ONZE NATUUR

De magie van elfenbankjes

Elfenbankjes bestaan in allerlei groottes en kleuren en hullen het bos in een feeërieke sfeer, maar de échte magie van deze schimmel zit vanbinnen. Meer bepaald in het stofje polysaccharopeptide (PSP). Kankeronderzoekers ontdekten dat PSP de groei van kankercellen vermindert. In het Verre Oosten zijn ze al veel langer overtuigd van de geneeskracht van paddenstoelen. Daar is het gebruik van zwammen als natuurlijk medicijn tegen ontstekingen, kankers of om het immuunsysteem te versterken al jarenlang ingeburgerd.

Hoe herken je deze geneeskrachtige paddenstoel? Elfenbankjes zijn waaiervormige, halfronde paddenstoelen die als dakpannen op dood loofhout groeien. De kleur van een gewoon elfenbankje varieert van wit, oranjebruin en olijfgroen tot paars en zwart, maar de buitenrand is altijd wit. De bovenzijde voelt fluweelachtig aan en aan de onderzijde zie je fijne poriën waar de witte sporen uit vallen.

22 JANUARI

ONZE NATUUR

Snelle stofwisseling

Als je de **dwergspitsmuis** van dichtbij bestudeert, zie je dat zijn spitse snuitje eigenlijk meer doet denken aan een mol dan aan een muis. *Surprise, suprise*: het is ook helemaal geen muis! De spitsmuizen of *soricidae* zijn een ras apart en zitten op familiefeesten dan ook aan een andere tafel dan de gewone muizen.

Het bijzonderste aan dit schattige diertje is zijn formaat. Met een gemiddelde lengte van 5 centimeter en een pluimgewicht van amper 3 tot 6 gram zal het je niet verbazen dat de dwergspitsmuis het kleinste zoogdier van België is. Laat je echter niet misleiden door zijn geringe omvang: de dwergspitsmuis is een echte veelvraat. Elke dag doet deze lilliputter zich tegoed aan meer dan 90% van zijn eigen gewicht aan spinnen, kevers, pissebedden en andere kriebelbeestjes. Veel tijd om te rusten heeft de dwergspitsmuis niet: hij moet bijna de klok rond op jacht om zijn energiepeil aan te vullen, want langer dan drie uur zonder eten kan hem al snel fataal worden. Van een gezond metabolisme gesproken!

10 DECEMBER

ONZE NATUUR

Vogellijm

In de herfst en in de winter verschijnen bolvormige struiken hoog in de bomen. Dat is de **maretak**. Deze struik groeit op plaatsen waar je niet makkelijk bij kunt. Vooral in loofbomen zoals de populier, zoete kers, maar ook eenstijlige meidoorn. Maretak valt altijd op, omdat ze groen blijven in de winter terwijl de boom waarin ze hangen meestal volledig kaal is. De maretak is een halfparasiet die veel te danken heeft aan zijn gastheer. Door water en zout af te tappen van de loofboom waarin hij groeit, verzamelt de maretak alle nodige voedingsstoffen. Vanaf het vroege voorjaar komt maretak in bloei. Dan zie je vlezige, witte bessen hangen. Het vruchtvlees van die bessen is zo plakkerig dat bessen etende vogels er hun eigen snavel bijna mee kunnen dichtlijmen. Dat heeft maretak de grappige bijnaam 'vogellijm' opgeleverd.

23 JANUARI

Achter de schermen: sidder en bever

Cameraman Pim Niesten: 'Het leven van een natuurfilmer gaat niet altijd over rozen. Soms gaat het over slijk, moeras en vrieskou. Dat waren in ieder geval de hoofdingrediënten bij mijn eerste poging om bevers te filmen in de Ardennen. Het ambitieuze idee was om **bevers** in de nacht te filmen met een heel klein beetje kunstmatig maanlicht en een lichtgevoelige camera. De hele middag waren we in de weer om een stukje moeras met veel beversporen en een beverburcht voor te bereiden op het grote werk.

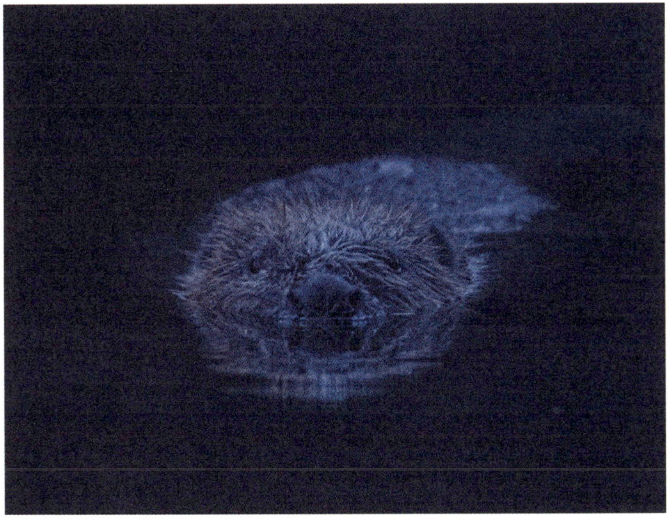

Aan het eind van de middag kroop ik met mijn camera en wat droge koeken als avondeten in de schuiltent, klaar om er de nacht door te brengen. Het zwakke licht liet net toe om met mijn camera het moeras en de poel af te speuren naar bevers. Dat laatste was nu net het probleem: ik zag de hele nacht geen énkele bever! Wel zonk ik naarmate de nacht vorderde steeds verder weg in de zompige moerasbodem. Tot overmaat van ramp werd het in deze periode in Hoog-België ijskoud, tot -10°C. Zo heb ik meer dan tien uur doodstil maar alert doorgebracht, bevend van de kou en met voeten als ijsklompen. Zeer pijnlijk gefaald!'

09 DECEMBER

De wezel is niet bang

Waar de wezel zijn reputatie van notoire angsthaas vandaan heeft, is ons een raadsel. Laat je niet misleiden door zijn schattige snuitje: in het heetst van de strijd – en met een lege maag – beschikt dit kleinste roofzoogdier ter wereld over een echte killermentaliteit. Vooral de woelmuis kan dan maar beter op zijn tellen passen, want die staat bovenaan op zijn lijst met favoriete snacks. En dankzij zijn kleine gestalte kan de wezel zijn slachtoffer moeiteloos achtervolgen tot in zijn muizenhol.

Bang om gezien te worden is de wezel ook al niet. Regelmatig gaat hij op zijn achterste poten staan om de omgeving af te speuren op zoek naar een interessante prooi. Kleine vogels, jonge konijnen of knaagdieren die soms wel dubbel zo groot zijn als hijzelf klemt hij vast in een houdgreep, waarna hij ze een fatale beet in de hals toedient.
En ook voor de diefstal van een eitje uit een vogelnest draait hij zijn pootje niet om. Soms gaat hij zelfs zo genadeloos te werk dat hij meer doodt dan hij eigenlijk op kan. Wie is er nu de bangerik?

24 JANUARI

Bosdrummer in concert

Op dit moment kun je al een paar vroege vogels aan het werk horen. De eerste roffels van de **grote bonte specht** weerklinken door het bos. Hij is zonder twijfel de beste bosdrummer die je ooit hebt gehoord. Spits je oren en probeer te tellen hoeveel keer zijn snavel het hout raakt. Het is gewoon onmogelijk om elke slag apart te horen! Geen wonder, want de roffel duurt slechts één seconde en bestaat uit 10 tot 15 slagen. Zo tikt de grote bonte specht maar liefst 12.000 keer per dag op een boomstam. Daarmee doet hij zijn wetenschappelijke naam alle eer aan. *Dendrocopos major* betekent immers 'grotere houthakker'. Benieuwd waar je zoal naar de grote bonte specht kunt gaan luisteren? Hij is te vinden in loof- en naaldbossen, parken en tuinen, zelfs in grote steden. Eén belangrijke vereiste is staand, dood hout, want dat is voor deze houthakkende specht de ideale plek om prooien te zoeken.

08 DECEMBER

ONZE NATUUR

DIY-vetbollen

De winter is het moment bij uitstek om je tuinvogels te voederen. Dat kan met kant-en-klare producten uit de winkel, zoals de klassieke vetbollen, maar het is zoveel leuker om zelf de handen uit de mouwen te steken! Scan de QR-code en ontdek hoe je met een oud theekopje, wat takjes en vet een lekkere vetbol maakt. Vooral koolmezen en pimpelmezen zijn er verlekkerd op! Dus waar wacht je op? Hang je zelfgemaakte vetbol op in de tuin en wacht tot de eerste gasten arriveren voor een heerlijk wintermaal!

25 JANUARI

Anti-hoestblad

Het **klein hoefblad** is een van de eerste bloeiers van het jaar. De bloemknoppen ontwikkelen zich in de zomer ervoor, in augustus, in de oksels van de bladeren. Voor de eerste bladeren weer aan de plant staan, ontwikkelen de bloeiwijzen zich al. Vanaf eind januari of februari zijn de goudgele bloemen zichtbaar.
De bladeren komen daarna pas tevoorschijn.

Het bloemhoofd van het klein hoefblad is trouwens een opvallende verschijning. Het bestaat uit honderden vrouwelijke lintbloemen met in het midden enkele tientallen mannelijke buisbloemen met lekkere nectar. Onder andere de dagpauwoog zoekt na zijn winterrust de eerste bloeiende kleine hoefbladen op om nectar te vinden. In ruil zorgt de vlinder voor de verspreiding van stuifmeel of pollen. Nog iets leuks over de naam van deze plant: 'hoefblad' kan een verbastering zijn van 'hoestblad'. Niet zo gek als je weet dat klein hoefblad vroeger een populair hoestmiddeltje was.

07 DECEMBER

ONZE NATUUR

Rotte duivelseieren

Tijdens de herfst speelt zich een duivels paddenstoelen-spektakel af in het bos. Her en der rijzen eieren uit de grond.

Dat moet wel het werk van de duivel zijn, zo dacht men vroeger, maar niets is minder waar. De bleke duivelseieren zijn het begin van een paddenstoel die uren in de wind stinkt: de **grote stinkzwam** (*Phallus impudicus*). Deze fallusvormige, sponsachtige paddenstoel herken je aan zijn olijfgroene hoed, slijmerige sporenlaag en doordringende, rotte lijkgeur. Je kunt de grote stinkzwam al van ver ruiken, zelfs tegen de wind in! Heerlijk toch, die verse boslucht?

Hoe ranzig de geur van zijn sporenlaag ook mag zijn, vliegen en kevers vinden de grote slijmerige stinkzwam net heel aantrekkelijk. Ze vliegen er massaal op af en verspreiden de sporen van de grote stinkzwam. En die missie is pas geslaagd wanneer de hoed van de zwam volledig wit en schoon is. Binnen 24 uur is de metamorfose van de grote stinkzwam compleet en is het tijd voor de grote verdwijntruc. De grote stinkzwam – en daarmee ook zijn overheersende geur – gaat in rook op. En het bos? Dat ruikt weer naar... tja, bos.

26 JANUARI

Achter de schermen: ondergrondse ontdekkingen

Cameraman Dick Harrewijn: 'Wist je dat er in Brussel meer **ratten** leven dan mensen? Dat wilden we graag van dichterbij bekijken door de riolen in te duiken. Omdat die in Brussel niet toegankelijk zijn, trokken we naar de Ruien in Antwerpen. Met een gids wandelden we door de kilometerslange ondergrondse gangen en liepen we heel wat ratten tegen het lijf. Maar wat ik vooral leuk vond: we zagen onderweg ook een heleboel andere beestjes die in deze donkere, onveranderlijke biotoop leven.

We vielen van de ene verbazing in de andere... Muren vol met spinnenwebben, met spinnen die zich tegoed deden aan rioolvliegjes. Duizendpoten en pissebedden, veel groter dan ik ooit gezien had. We kwamen in een gang met water dat volledig roze kleurde door alle *Tubifex*-wormpjes die erin leefden. We zagen ook een soort garnalen of watervlooien en op een andere plek staken we een onderwatercamera in het water, dat gevuld bleek met dansende wormen. Een magisch gezicht! En het meest bijzondere van alles: niemand weet van hun bestaan in deze onbekende, ondergrondse wereld, zelfs de gidsen niet.'

ONZE NATUUR

06 DECEMBER

SINTERKLAAS

De baard van de lynx

Akkoord, aan de baard van Sinterklaas kan niemand tippen. Maar aangezien hij naar verluidt geboren werd rond 280 na Christus, heeft hij er dan ook wel erg lang voor kunnen sparen. Oneerlijke concurrentie! Toch sluipt er in onze Ardense bossen sinds kort een geduchte tegenstander rond: de Euraziatische lynx, die behalve met een uniek gevlekt jasje en frivole oorpluimpjes ook met een stel modieuze bakkebaarden pronkt. Deze kenmerkende gezichtsbeharing loopt van de basis van de oren tot onder aan de kaken en geeft de lynx een fameus rock-'n-roll-gehalte.

Groupies die de ruige katachtige willen strikken voor een *meet & greet*, zijn eraan voor de moeite. Zijn bijnaam is niet voor niets 'spook van het bos'... Voorlopig is de aanwezigheid van de lynx op Belgisch grondgebied enkel officieel bevestigd aan de hand van een vlijmscherpe kleurenfoto en bewegende infrarood-beelden, die een onbemande wildcamera maakte in de vallei van de Semois. Aan wandelaars, boswachters en wildlife-spotters laat de lynx zich vooralsnog niet zien.

27 JANUARI

GEDICHTENDAG

De houtpantserjuffer

't Is een stokje dat hier hangt.
Echt waar, ik ben een houtje.
Zo een twijgje dat niks vangt.

Echt waar, dat doe ik niet.
'k Zal je heus niet eten,
want een twijgje bijt toch niet?

Wat zeg je nu – ruikt naar bedrog?
Van top tot teen in 't glanzig-groen –
zo'n twijgje vertrouw je toch?

Kom maar dichter bij dit takje,
je lijkt me wel een leuke hap.
Vlieg maar dichter en ik pak je.

In een flits zal het voorbij zijn,
in een tel is het gedaan.
*
– kijk –
Het deed zelfs geen greintje pijn.

(fulltime vegetatie-expert bij het Agentschap voor Natuur en Bos, parttime dichter)

05 DECEMBER

VRIJWILLIGERSDAG

Gezocht: vrijwillige vuilnisraper

Zin om je handen uit de mouwen te steken voor onze natuur? Dan hebben we goed nieuws, want er bestaan honderd-en-een manieren om als vrijwilliger aan de slag te gaan. En vaak hoef je er zelfs niet eens je agenda voor overhoop te halen! Zo kun je tijdens je zondagse boswandeling gewoon een plastic zakje meenemen voor al het zwerfvuil dat je tegenkomt. Daar bestaat sinds kort een hippe naam voor: 'ploggen' – een samentrekking van 'joggen' en *plocka upp*, wat Zweeds is voor 'oprapen'. Er zijn zelfs mensen die spreken van 'plandelen', maar dat bekt toch net iets minder goed.

Heeft zo'n kleinschalige actie dan wel effect? Tuurlijk wel! Elk blikje en elke plastic verpakking in jouw vuilniszak is er eentje minder in de natuur. En elke sigarettenpeuk die je opraapt, staat gelijk aan 500 liter water dat niet vervuild raakt. Trouwens, een proper wandelpad nodigt veel minder uit om er afval achter te laten dan een berm die al bezaaid ligt met zwerfvuil. Wil je het officieel aanpakken? Registreer jouw wekelijkse plog-route dan op www.mooimakers.be. En wie weet kun je bij je gemeente wel terecht voor vuilniszakken!

28 JANUARI

ONZE NATUUR

Creatieve duizendpoot

Een duizendpoot komt nooit handen tekort. Hij heeft er dubbel zoveel als het aantal segmenten waaruit zijn lichaam bestaat – want elk lichaamsdeel is uitgerust met één paar poten. Als je weet dat soorten in onze regio meestal 15 tot 21 segmenten hebben, kun je snel uitrekenen dat de naam 'duizendpoot' een schromelijke overschatting inhoudt.

Toch maken vele handen licht werk en een duizendpoot is dan ook handig in huis. Als een echte *serial killer* berooft hij allerlei ongedierte van hun leven door zijn stevige gifkaken in hun lichaam te planten. Als mens hoef je er niet bang voor te zijn, maar er mag wel een alarmbelletje afgaan in je hoofd wanneer je een duizendpoot in huis spot. Hij verricht goed werk, maar dat kan hij alleen omdat er genoeg ongedierte rondloopt om zijn maag te vullen. Misschien toch maar eens onderzoeken waarom kriebelbeestjes jouw huis zo aantrekkelijk vinden.

04 DECEMBER

ONZE NATUUR

Natuurgebied van de maand: De Blankaart

Moet er nog water zijn? In de winter treedt de IJzer buiten haar oevers en zet ze het hele natuurgebied 'blank' of onder water. Avonturiers met rubberen laarzen zijn nog steeds welkom om via knuppelpaden, bruggetjes en grasdijken de unieke, natte natuur van De Blankaart te ontdekken. Strategisch geplaatste vogelkijkhutten en een adembenemende uitkijktoren nodigen je uit om de vele gevleugelde bezoekers van het natte gebied te bewonderen.

Ook de moeite waard om te bezoeken is het bezoekerscentrum van De Blankaart: het gelijknamige kasteel waar je je natuuravontuur kunt voorbereiden bij een drankje terwijl je je verdiept in de schat aan informatie die er uitgestald wordt. Gps-adres voor een verkwikkende winterwaterwandeling: Iepersteenweg 56, 8600 Diksmuide.

29 JANUARI

Vossen in de hoofdstad

Stadsnatuur is zoveel meer dan pikkende houtduiven op het marktplein. Soorten zoals de bever en de vos worden tegenwoordig ook in de stad gesignaleerd. Niet zelden duiken er foto's op van stadsvossen die zich in de buurt van mensen wagen. Dat de diertjes onze hoofdstad uitkiezen, is volgens biologen geen toeval. Vossen zijn echte opportunisten. Ze eten wat ze vinden: muizen, ratten of iets lekkers dat ze tussen ons afval opduikelen. Bovendien is er in het Brusselse Gewest een jachtverbod. Een vos ervaart dus veel minder stress dan we denken in de drukke stad.

Zijn hoge aaibaarheidsfactor heeft er waarschijnlijk ook iets mee te maken. Mensen vinden vossen, zeker de speelse jongen, heel schattig. Het gaat zelfs zover dat sommige buurtbewoners voedsel klaarleggen om de jongen te lokken. Zo leert de vos dat mensen geen gevaar, maar net allerlei lekkers betekenen. Mensen hebben het dier dus eigenlijk geleerd om dichtbij te komen. Gelukkig kunnen we perfect samenleven met stadsvossen zolang de dieren niet verstoord worden. Kijk dus niet raar op als er volgende keer een vos in plaats van een duif naast je komt lopen.

03 DECEMBER

ONZE NATUUR

Veelpoter vs. veelpoter

Hoe zie je het verschil tussen een duizendpoot en een **miljoenpoot**? Door hun poten te tellen natuurlijk!

Het lijkt wel een slechte grap, maar eigenlijk zijn we bloedserieus. Maar geen paniek, je hoeft lang niet alle poten van de veelpoters te tellen: aan één lichaamssegment heb je meer dan genoeg. Tel je één paar poten per 'lichaamsdeel', dan zit er een roofzuchtige duizendpoot voor je neus.

Staan er op elk segment twee paar poten ingeplant (vier in totaal), dan heb je met een vegetarische miljoenpoot te maken.

Doordenkertje: niet elke miljoenpoot heeft meer poten dan een duizendpoot. Dat hangt allemaal af van hun lichaamslengte én van hun leeftijd. Bij elke vervelling krijgt een miljoenpoot er bijvoorbeeld enkele lichaamssegmenten – en een viervoud aan poten – bij.

30 JANUARI

Zwermen zonder botsen

Hoe kan een spreeuwenzwerm van honderdduizenden vogels harmonieus door het zwerk glijden zonder fatale accidenten? Het zouden geen vogels zijn als ze niet gewiekst waren, toch?

- Vogels in een zwerm hebben allemaal dezelfde snelheid. Hyperefficiënt, want voortdurend afremmen en versnellen – zoals auto's in een file – kost enorm veel energie.
- Zwermende **spreeuwen** behouden voortdurend dezelfde afstand van elkaar. Zo wordt het al erg moeilijk om een ander zijdelings, langs boven of langs onderen te rammen.
- Spreeuwen houden zich aan 'de regel van zeven': ze houden altijd maximaal zeven andere vogels in hun buurt in de gaten. Maakt de zwerm plots een bocht naar links, dan verspreidt die beweging zich heel organisch door de wolk vogels heen.

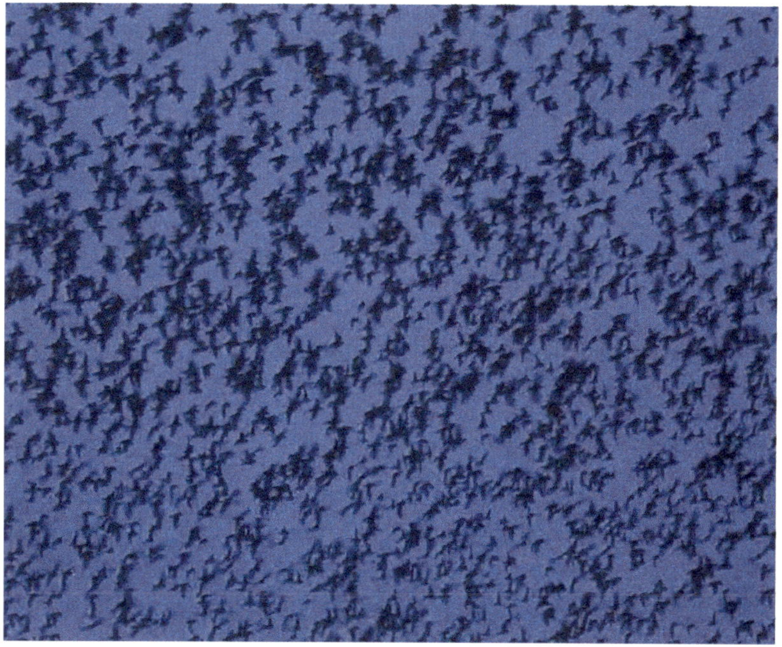

02 DECEMBER

Achter de schermen: altijd in voor een slippertje

Cameraman Pim Niesten: 'Oké, ik geef het toe: ik hou van slippers, of toch het dragen ervan. Snel en gemakkelijk aan en uit, comfortabel, lekker licht en luchtig, geen zorgen of ze al dan niet waterdicht zullen zijn (dat zijn ze natuurlijk niet, dat weet je duidelijk op voorhand), ik kan er redelijk geruisloos mee lopen, nooit doorweekte sokken, geen muffe stapschoenen et cetera. Niets dan voordelen! Slippers in de bergen, slippers in moerassen, slippers op de Afrikaanse savanne, slippers in hartje winter... en zelfs in de zomer!

Oké, ik geef het grif toe, ze zijn absoluut niet mooi of modieus, maar daar heb ik de wilde dieren die ik film nooit over horen klagen. Mijn camera-assistenten wel, maar na een gewenningsperiode zien ze het bijna als mijn handelsmerk, een gimmick. En als ze echt heel eerlijk zijn, zouden ze me bijna gelijk geven: slippers zijn fantastisch!'

31 JANUARI

ONZE NATUUR

Kameleons, die boleten!

Dacht je dat alleen kameleons van kleur konden veranderen in onze natuur? Ga dan maar eens op zoek naar een netstelige heksenboleet (*Boletus luridus*). Boleten verkleuren bij de minste aanraking. Blauwe en groene verkleuringen komen het meest voor, maar soms verschijnt ook een zwarte of bloedrode tint. Hoe ontstaat die verkleuring dan? Bij druk op het lichaam duwt de boleet een beetje vocht naar buiten. Door een reactie met zuurstof (oxidatie) krijgt dat vocht meteen een andere kleur, met toverachtig mooie beelden als gevolg.

01 DECEMBER

ONZE NATUUR

Welke mus tjilpt daar?

Welke mussen komen in jouw voederhuisje langs?

— De **huismus**: let voor het onderscheid tussen het mannetje en de ringmus op de grijze kruin, de zwarte oogstreep, het bruine achterhoofd en de lichtgrijze wangvlek. Het vrouwtje heeft een bruine kruin en een lichtbruine oogstreep die vertrekt aan de ooghoek.

— De **ringmus**: zowel het mannetje als het vrouwtje heeft een volledig bruin petje en een donkere wangvlek.

— De **heggenmus**: een muisgrijs hoofd en een buik met een bruin gestreepte oorstreek en kruin. De bek is veel fijner dan die van de ringmus en de huismus.

01 FEBRUARI

ONZE NATUUR

Natuurgebied van de maand: het Brackvenn

Het **Brackvenn** wordt ook weleens de parel van de Hoge Venen genoemd en is in elk seizoen een wandelbezoekje waard. Met een flink pak verse sneeuw wordt het landschap er beslist nog mooier op. Houten vlonderpaden houden je voeten droog terwijl je een eeuwenoud veenlandschap doorkruist. Onderweg kom je een heleboel 'pingoruïnes' tegen, grote kraters gevuld met water die aan het einde van de laatste ijstijd ontstonden door het smelten van pingo's, vorstheuvels met een lensvormige ijsmassa onder het oppervlak.

Het Brackvenn wordt omringd door het Hertogenwald, met zijn 12.000 hectare een van de grootste bossen van België. Het uitgestrekte bos ligt in het uiterste oosten van België tegen de grens met Duitsland. Wandelroutes vertrekken aan het Natuurcentrum Haus Ternell, Monschauer Straße Ternell 2, 4700 Eupen.

30 NOVEMBER

ONZE NATUUR

De bomen hebben oren

Zag je al eens bomen met oren? Op afgestorven takken van vlier, es en andere loofbomen verschijnen van oktober tot maart roodbruine paddenstoelen die gruwelijk veel lijken op het menselijk oor. **Echt judasoor** (*Auricularia auricula-judae*) groeit goed bij vochtig weer en kan 8 tot 12 centimeter groot worden. Deze schelpvormige, elastische paddenstoel is een echte taaierd. Hij weet koude winters te trotseren en verschrompelt bij droog weer, om daarna weer te verrijzen wanneer de weersomstandigheden hem gunstig stemmen. En zijn naam? Die heeft deze paddenstoel te danken aan de bekendste verrader uit de geschiedenis: Judas, die zich na zijn verraad aan een vlierstruik zou hebben opgehangen. Wanneer maak je kans om deze boomoren te spotten? Echt judasoor kun je het hele jaar door waarnemen, maar groeit vooral vanaf de herfst tot het voorjaar. Bij deze ben je dus gewaarschuwd: het bos luistert altijd mee.

02 FEBRUARI

Spookgeluiden in het bos

Of je nu een zondagswandelaar bent of een doorgewinterde vogelaar, de roep van de **bosuil** bezorgt je sowieso kippenvel. Zijn hoge, langgerekte 'oeh' gevolgd door enkele korte 'oeh-oeh-oeh's' wordt dan ook in heel wat griezelfilms opgevoerd om kijkers een ongemakkelijk gevoel te geven.

Bosuilkoppels zijn al vroeg in de winter heel actief. Het vrouwtje beantwoordt de avances van het mannetje met een schril 'ke-wik'. Het is dan dat ze hun territorium afbakenen, zodat ze vanaf het vroege voorjaar kunnen focussen op de voortplanting. Wil je ze horen roepen, begeef je dan bij schemering muisstil naar de bosrand.

29 NOVEMBER

Leren fluiten op een eikeldopje

Voor deze herfstschat hoef je niet lang te zoeken: onder een eikenboom liggen eikeldopjes in overvloed. Op de dopjes kun je leren fluiten. Houd het eikeldopje vast, met de opening naar je toe, en leg je duimen over de opening. Zet nu je lippen over de knokkels van je duimen en blazen maar! Als alles goed gaat, hoor je hoge fluittonen uit het eikeldopje komen. Kun je nog harder blazen? Probeer ook eens een ander dopje. Elk eikeldopje klinkt namelijk anders omdat ze allemaal een beetje verschillen qua vorm.

03 FEBRUARI

Wintervlinders vliegen trager

Na de eerste nachtvorst verschijnen de kleine en de grote **wintervlinder** op het toneel. Ze kunnen vliegen met een lichaamstemperatuur van slechts 5°C, maar fladderen wel beduidend trager dan hun zomerse familieleden. Toch kunnen wintervlinders vrij goed overleven, omdat hun grootste vijanden – de vleermuizen – in winterslaap zijn.

Ook de voortplanting van deze vlinders gebeurt in hartje winter. Daarvoor hebben ze slechts een paar dagen de tijd, want langer overleven ze niet als imago. Daarom hebben ze ook enkele overbodige lichaamsdelen overboord gegooid. Zo hebben wintervlinders geen mond en dus nooit honger – als rups vraten ze genoeg voedsel voor de rest van hun leven. De vrouwtjes gaan nog een stapje verder en hebben zelfs geen vleugels aan hun lichaam. Ze stoppen al hun energie in het maken van eitjes en rekenen erop dat hun toekomstige partners de weg tot bij ze vinden.

28 NOVEMBER

ONZE NATUUR

De bosmuis houdt van regen

Wist je dat de bosmuis het liefst zijn kostje bij elkaar scharrelt tijdens een warme, regenachtige nacht? Door het vallen van de regendruppels op de bladeren van de bomen wordt het geluid van zijn trippelende pootjes gedempt en kan hij roofdieren als wezels en uilen makkelijker verschalken. Hij voedt zich met zowat alles wat los of vast zit op de bosbodem: van een vegetarische schotel met zaden, bessen, paddenstoelen, bladeren en mos tot een eiwitrijke mix van spinnen, kevers en slakken. Jammie!

Wanneer het buiten echt koud wordt, blijft de bosmuis wel liever gezellig in zijn holletje en doet hij zich tegoed aan de hapjes die hij tijdens het najaar in zijn voorraadkamers heeft verzameld. Soms verstopt hij ook weleens wat lekkers in een leeg vogelnestkastje. Een winterslaap doet hij niet, maar hij houdt zich 's winters wel koest om energie te sparen. De kans dat je een bosmuis te zien krijgt, is klein: deze knaagdiertjes houden niet zo van mensen en ze zijn enkel tijdens de nachtelijke uurtjes actief.

04 FEBRUARI

ONZE NATUUR

Een vis met oogstekels

De **kleine modderkruiper** is een vis die houdt van helder, schoon, zuurstofrijk en traagstromend water. Hij heeft minder 'baardharen' dan de grote modderkruiper: vier op de bovenlip en twee in de mondhoeken. Onder zijn ogen heeft de kleine modderkruiper telkens een kleine, beweeglijke doorn of stekel met een gevorkte punt. Die zou hij gebruiken om zich op de tast te kunnen voortbewegen in smalle doorgangen, maar waarschijnlijk heeft dit puntige uitsteeksel ook een verdedigende functie. Tijdens de balts gebruikt het mannetje de stekel om het vrouwtje aan te raken wanneer hij toenadering zoekt. Zou het dan een echt 'liefdeswapen' zijn?

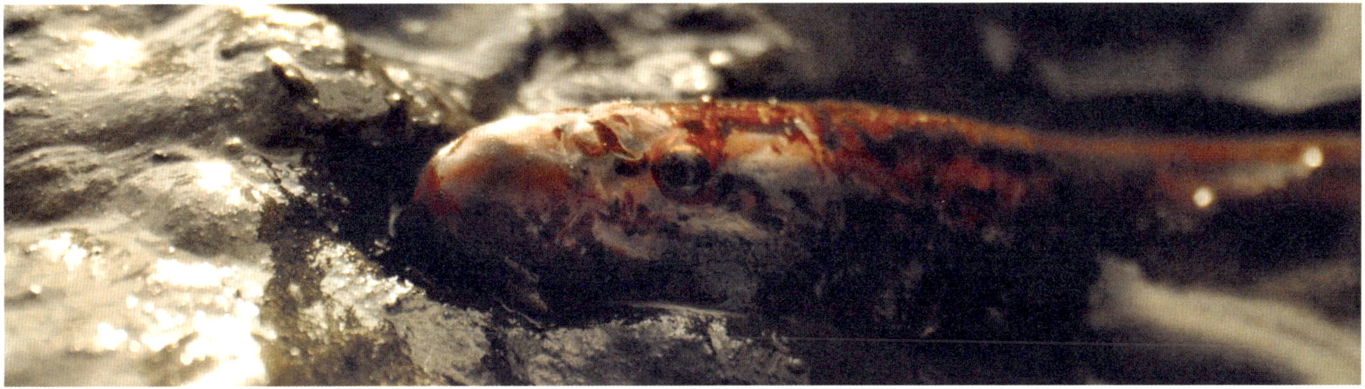

27 NOVEMBER

ONZE NATUUR

Muizenlover

De **torenvalk** is niet groter dan een duif, toch kun je er niet naast kijken wanneer hij biddend boven open velden de bodem afspeurt. Hij verkiest korte vegetatie als jachtgebied – bijvoorbeeld de bermen langs de snelweg – om zijn favoriete maaltijd makkelijker te kunnen spotten. Wanneer hij vanuit zijn stabiele bidvlucht een veldmuis of woelmuis ontdekt, daalt hij een paar meter om van daaruit een verrassingsaanval in te zetten. Extreem effectief, maar energieverslindend. Daarom zie je hem 's winters eerder vanaf een uitkijkpost de omgeving scannen. Hoe meer prooien, hoe beter de torenvalk het doet. Wanneer de muizenpopulatie een slecht jaar heeft, gaat ook het aantal torenvalken tijdelijk achteruit.

05 FEBRUARI

ONZE NATUUR

Vogelmuur bloeit altijd

De voorjaarsbloeiers bezorgen onze natuur een afwisselend kleurenpalet bij het begin van de lente. Maar er is één plant die het hele jaar rond in bloei staat: vogelmuur. Geen excuus dus om hem niet te herkennen! De kleine, witte bloemen van dit bijzondere plantje zijn tweeslachtig. Ze bevatten zowel mannelijke als vrouwelijke voortplantingsorganen. Hun eerste strategie is bestuiving door insecten: ze produceren al stuifmeel voor hun eigen stampers ontvankelijk zijn. Dat bevordert kruisbestuiving met genetisch verschillende planten. Helaas kan de plant, die elke maand van het jaar bloeit, niet altijd rekenen op de hulp van insecten. De oplossing voor dat probleem is gelukkig heel simpel. Aan het einde van de bloeitijd worden de meeldraden van de bloemen zo lang dat ze hun eigen stamper kunnen bevruchten. Zo heeft vogelmuur altijd succes!

26 NOVEMBER

ONZE NATUUR

Hoe oud is een lieveheersbeestje?

Het aantal stippen op het schild van een lieveheersbeestje zegt niets over zijn leeftijd, maar alles over de soort die je in het vizier hebt. Er bestaat onder andere een tweestippelig, vijfstippelig, zevenstippelig, tienstippelig, elfstippelig en zelfs een negentienstippelig lieveheersbeestje. En dan hebben we het nog niet gehad over de veelkleurige Aziatische lieveheersbeestjes, die 's winters in gaten en kieren van je huis overwinteren. Die zijn de tel kwijtgeraakt, want op hun stippen kun je helemaal geen staat maken.

Moet je dan toch een gok doen? Weet dan dat de meeste lieveheersbeestjes niet ouder worden dan één, hooguit twee jaar. Waarvoor hun stippen dan wel dienen? Om op te vallen! Met hun felle kleuren vertellen ze vriend en vijand dat hun smaak ronduit afgrijselijk is.

06 FEBRUARI

ONZE NATUUR

Roofzuchtige slokop

Een bek met 700 scherpe tanden, een gestroomlijnd lichaam dat tot 1,30 meter lang kan worden en een aanvalssnelheid van 7 meter per seconde: dat zijn de elementen die de **snoek** tot een van de vraatzuchtigste roofdieren in onze binnenlandse wateren maakt. Met zijn groen-met-geel gevlekte schubben is hij een meester in de camouflage. Zijn nietsvermoedende slachtoffers merken hem pas op het allerlaatste moment op... en dan is het al lang te laat, natuurlijk.

Op één dag tijd kan de **snoek** tot maar liefst 30% van zijn eigen gewicht aan prooien eten. Op zijn menu staan vissen, vogeltjes, kleine knaagdieren, kikkers, padden, rivierkreeften en als het moet zelfs een soortgenoot. Je leest het goed: in geval van voedselschaarste verandert de snoek in een regelrechte kannibaal! Daarna heeft hij wel drie dagen nodig om zijn copieuze maaltijd te verteren. Burp!

25 NOVEMBER

Zwarte of bruine rat?

De ratten die in onze riolen leven en van vochtige plaatsen houden, zijn per definitie bruine ratten. Maar ook hun zwarte neefjes laten zich opmerken in de buurt van mensen. Je kunt ze vooral vinden in havens, op schepen en in grote pakhuizen waar graan wordt opgeslagen. Ondanks zijn naam is de vacht van de zwarte rat niet altijd zwart van kleur, maar kan hij ook bruin tot zelfs lichtbruin zijn. Hoe kun je beide soorten dan uit elkaar houden? Deze tips kunnen helpen.

— **Bouw:** de zwarte rat is kleiner (15 tot 24 centimeter) en slank gebouwd (150 tot 280 gram), terwijl de bruine rat groter is (22 tot 30 centimeter) en een forser postuur heeft (tot 500 gram).
— **Kop:** de snuit van de zwarte rat is spits en hij heeft grote oren en ogen, de bruine rat heeft een eerder stompe kop met kleinere oortjes en oogjes.
— **Staart:** de zwarte rat heeft een dunne staart die vaak langer is dan zijn lichaam, terwijl de staart van de bruine rat dikker en korter dan zijn lijf is.
— **Vacht:** de vacht van de zwarte rat is wat langer en ruiger dan die van de bruine rat.

07 FEBRUARI

ONZE NATUUR

Een goed gaaienjaar?

In het bos heeft de gaai een belangrijke functie als levend alarm. Wanneer een stoere vogel als de gaai onraad spiedt, weten andere bosbewoners dat ze zich uit de voeten moeten maken. Zodra hij zijn krassende alarmroep laat horen, wordt het dan ook muisstil in het bos.

Bij voedselschaarste in de winter boort de gaai zijn eikelvoorraad aan. Wat hij niet opeet, kan in het voorjaar ontluiken tot een prille eik. Gaaien die hier broeden, blijven het hele jaar door honkvast. Noordelijker broeders durven weleens tot hier af te zakken wanneer het ze te koud onder de voeten wordt. Ongeveer om de acht jaar vindt hier een ware gaaieninvasie plaats: het resultaat van een combinatie van een goed broedseizoen met een erbarmelijk mastjaar.

24 NOVEMBER

ONZE NATUUR

Exotische kermisklant

Vroeger kwam je na het eendjes vissen op de kermis steevast thuis met een goudvis in een plastic zakje, maar ook waterschildpadjes waren een populaire prijs. Het zijn de nakomelingen van die uitheemse 'trofeeën' die vandaag nog steeds rondzwemmen in onze parkvijvers en natuurgebieden. Kleine schildpadjes worden namelijk snel groot, en veel kersverse eigenaars zagen de zorg niet meer zitten... dus werden ze massaal in de natuur gedumpt.

Oorspronkelijk komen de roodwangschildpad, de geelwangschildpad en de geelbuikschildpad uit het zuidoosten van de Verenigde Staten, maar inmiddels zijn deze drie ondersoorten van de **lettersierschildpad** alomtegenwoordig in België. Op een warme dag kun je ze regelmatig zien zonnen op een boomstronk of steen die boven het water uitsteekt. Ondertussen mag je de lettersierschildpad niet meer verhandelen, bezitten, transporteren of ermee kweken, en ook de beestjes vrijlaten in de natuur is sinds 2016 wettelijk verboden.

08 FEBRUARI

Als een vis in zoet water

Net zoals onze bossen en velden bruisen onze waterlopen van het leven. Belgische beken, rivieren en meren worden bevolkt door een bijzondere soortenrijkdom met onder andere vissen, weekdieren en schaaldieren. De allerbekendste is de forel. Dit familielid van de zalm herken je heel makkelijk aan zijn gestroomlijnde lichaam en kleine, ronde vlekkenprint. In ons land zwemmen vooral beekforellen en regenboogforellen. De grootste zoetwatervis van België is de snoek. Met een indrukwekkende lengte van 1,5 meter en een gewicht van 25 kilo slaagt dit enorme roofdier er toch in geruisloos op de bodem te liggen om zijn prooien in alle stilte te besluipen. Last but not least is er nog de bittervoorn. Dit vrij kleine zoetwatervisje, hij wordt nauwelijks 10 centimeter, schittert dankzij zijn prachtig gekleurde schubben. Vooral de mannetjes in paars paaikleed (april tot juni) stelen de show.

23 NOVEMBER

ONZE NATUUR

Achter de schermen: eekhoorn bij het ontbijt

Cameraman Pim Niesten: 'Eekhoorns bouwen nesten. Kleine bolvormige bouwwerkjes van takken, vaak in een oksel tussen dikkere takken van hoge bomen. Ze bouwen meerdere nesten, die ze afwisselend in gebruik nemen. Een bewoond nest vinden is dus niet altijd eenvoudig. Bovendien moest ik het nog goed kunnen filmen ook. Ik zocht al weken naar dat ene pareltje dat aan alle voorwaarden voldeed, met de hulp van boswachters en andere natuurliefhebbers.

Maar soms moet je het niet zo ver zoeken. Op een ochtend deed ik vanuit mijn slaapkamerraam een machtige ontdekking: een eekhoornnest, op exact die hoogte, goed zichtbaar en met een duidelijke ingang aan "mijn" kant! Meteen haalde ik mijn grote camera en telelens erbij. In badjas gehuld, op de rand van mijn bed en met een kop verse koffie in de hand hoefde ik niet lang te wachten tot er wel degelijk een eekhoorn in kwam, en erna ook uit het nest! Victorie! Maar niet voor lang: diezelfde middag rukte een stormwind het nest (gelukkig zonder eekhoorn) uit de boom... Jammer, geen eekhoorns meer bij het ontbijt.'

09 FEBRUARI

ONZE NATUUR

Bruine brompot

Tijdens de paartijd laten de meeste kikkersoorten luid kwakend of brullend van zich horen om vrouwtjes aan te trekken. De **bruine kikker** daarentegen houdt het voor zijn paarroep bij een zacht, knorrend geluid, dat slechts 10 tot 20 meter ver reikt. Dit gebrom komt diep vanuit zijn keel, want uitwendige kwaakblazen zoals de groene kikkersoorten heeft hij niet.

Zijn twee inwendige kwaakblazen hebben een dikke huid die maar weinig uitzet, waardoor zijn gebrom dus amper versterkt wordt. Bovendien kwaken bruine kikkers vaak wanneer ze onder water zitten, wanneer hun mond en neusgaten gesloten zijn. Dat alles verklaart waarom de bruine kikker nauwelijks hoorbaar is. Gelukkig hebben de vrouwtjes een fenomenaal gehoor en duurt het slechts enkele dagen voor ook zij bij het water van de voortplantingspoel arriveren.

22 NOVEMBER

ONZE NATUUR

Achter de schermen: muisstille meeuwen

Cameraman Dick Harrewijn: ‘Met de docu en de film tonen we dat de natuur in België veel dichterbij is dan je denkt, als je maar weet waar en wanneer je moet kijken. Zo kreeg ik een tip van vriendin Anaïs Claessens, die op een novemberavond op het perron in het station van Leuven stond. Boven haar hoofd cirkelden duizenden meeuwen: allemaal witte stipjes tegen een gitzwarte achtergrond. Een waanzinnig schouwspel! Maar niemand keek omhoog, behalve zij. De volgende dag stond ik naast haar en hebben we het gefilmd.

Het vreemde was dat al die meeuwen muisstil waren. Gek toch? Iedereen kent meeuwen als de meest luidruchtige vogels in de stad. Maar ze maakten geen enkel geluid, tot ze met z’n allen neerstreken op het dak waar ze de nacht zouden doorbrengen. Want dan is het vechten voor je plekje. En dat deden ze de komende weken opnieuw en opnieuw, elke dag weer. Voor mij is dit een van de meest bijzondere, visuele scènes die we hebben vastgelegd. En het gebeurt gewoon boven je hoofd!’

10 FEBRUARI

Zeven maanden slapen

In België kun je drie verschillende slaapmuizen vinden: de hazelmuis, de eikelmuis en de **relmuis** of **zevenslaper**. Op 'snooze' duwen en zich nog eens omdraaien kunnen ze alle drie als de beste. Hoe zou je zelf zijn als je zo'n zachte staart als kussentje kunt gebruiken? Zeker de laatste in het rijtje heeft zijn naam absoluut niet gestolen. De zevenslaper rekt zijn winterslaap met gemak uit tot zeven of soms wel acht maanden – van oktober tot mei. Wakker worden doet hij pas wanneer hij honger krijgt of de behoefte voelt zich voort te planten.

Al kan het ook gebeuren dat hij na die lange winterslaap merkt dat er buiten zijn holletje niet zo gek veel beukennootjes te rapen vallen, waarna hij gewoon terug onder de wol kruipt voor de rest van het jaar. In plaats van kostbare energie te verspillen met het zoeken naar een partner en het produceren van nageslacht spaart hij liever zijn krachten tot er een beter beukjaar aanbreekt. 'Slapen doe ik wel als ik dood ben' is een uitdrukking waar de relmuis duidelijk geen boodschap aan heeft.

21 NOVEMBER

Heksenboter met geheugen

Is het een schimmel? Is het een zwam? Is het een dier? Slijmzwammen (myxomyceten) zijn geen van de drie. Deze eencellige organismen nemen niet alleen bijzondere vormen en kleuren aan, ze kunnen ook bewegen als echte organismen. Een van de mooiste voorbeelden is heksenboter. Deze knalgele slijmzwam (myxomyceet) baant zich op ingenieuze wijze een weg door het bos. De cellen van dit bijzondere zwammetje smelten samen, maar de celkernen blijven intact.
Op die manier kan de sponsachtige massa zich voortbewegen. Deze slijmzwam voedt zich met bacteriën en schimmels op dood hout. Heksenboter is eigenlijk meer verwant met amoebes (eencellige organismen) dan met schimmels en zou bovendien een primitief geheugen hebben. Onderzoekers onderwierpen de gele smurrie aan een test in een doolhof waarbij bij de ingang en de uitgang voedsel werd geplaatst.
En wat bleek? De slijmzwam vond zonder problemen zijn weg uit de wirwar van gangen.

11 FEBRUARI

Dier-o-strade

Versnipperde leefgebieden zijn een groot probleem in ons land. Tuinen zijn voor vele dieren een te klein leefgebied en dus zit er maar één ding op om onze dierenvrienden een handje te helpen: onze tuinen met elkaar verbinden. Dat betekent niet dat je de hele haag of omheining open moet maken voor de hele buurt. Soms is een kleine opening al genoeg. Een stukje wegzagen in een houten schutting of één steen in een muurtje weghalen is genoeg om een doorgang te creëren. Werk de randjes wel mooi af zodat dieren zich niet kunnen verwonden. Via je dier-o-strade kunnen dieren zich van de ene rijke natuur naar de andere bewegen, zonder daarvoor gevaarlijke wegen te moeten trotseren. Al die kleine stukjes mininatuur vormen dus één groot aaneengeschakeld natuurgebied!

20 NOVEMBER

ONZE NATUUR

Slechte zwemmer

De **rivierdonderpad** is geen amfibie, maar een vis. Zijn dikke kop, brede mond en gebrek aan schubben geven hem echter de allures van een uit de kluiten gewassen kikkervis. Deze kleine lelijkerd – hij wordt niet langer dan 15 centimeter – leeft op de bodem van ondiep, zuurstofrijk en traag- tot snelstromend water. Hij heeft geen zwemblaas en bewaart daardoor moeilijk zijn evenwicht tijdens het zwemmen. Wanneer hij de veilige rivierbodem verlaat, doet hij dat dan ook op een wat houterige manier om zijn gebrek te compenseren. Meestal ligt hij echter stil op de bodem, tussen de stenen, op de loer. Hij zoekt naar bodembewoners zoals waterpissebedden en vlokreeften. Net zoals bij de stekelbaars is het meneer rivierdonderpad die de broedzorg op zich neemt.

12 FEBRUARI

ONZE NATUUR

Invasieve bandiet

Zo'n honderd jaar geleden kwam de **wasbeer** vanuit het Amerikaanse continent in Duitsland terecht, waar hij gefokt werd omwille van zijn mooie pels. Na het sluiten van de pelsdierfokkerijen werd dit kleine beertje in het wild losgelaten en duurde het niet lang voor hij zich in Europa verspreidde. Met meer dan 50.000 geschatte exemplaren in Wallonië en toenemende aantallen in Limburg en andere Vlaamse provincies, heeft de wasbeer zich op slechts enkele jaren tijd ook in ons land op grote schaal verspreid. Van een invasieve exoot gesproken!

De kleine bandiet met zijn zwart-wit geringde staart en zijn zwarte maskertje is absoluut niet bang van mensen en schrikt er dus ook niet voor terug om in je vuilnisbak te rommelen. Die kun je dus maar beter hermetisch afsluiten wanneer er een wasbeer in je buurt gesignaleerd is. Pak het meteen grondig aan, want met hun kleine grijp-handjes zijn ze enorm behendig en inventief om aan een lekker hapje te komen!

19 NOVEMBER

ONZE NATUUR

Trekvlinder

De zin van het leven volgens vlinders? Vliegen en zich voortplanten. Daarvoor moet het weer ideaal zijn. Om te vliegen, bijvoorbeeld, moeten hun spieren warm genoeg zijn. Daarom zie je vlinders 's ochtends vaak met gespreide vleugels in de zon zitten.

De meeste vlinders brengen de winter hier niet door als volwassene. Ze overwinteren als ei, rups of pop om enkele seizoenen later van het mooie weer te genieten. Sommige vlinders, zoals de dagpauwoog en de kleine vos, houden wel een soort winterslaap en kunnen temperaturen tot -20°C doorstaan.

Maar de **atalanta** kan geen van beide: hij is volwassen wanneer de winter aanbreekt en haat vrieskou. Dus vliegt hij in het najaar duizenden kilometers naar het zuiden, soms tot in Noord-Afrika, om zich daar voort te planten. Voor hij vertrekt, slaat hij extra veel energie op. Laatbloeiers zoals klimop zijn dan ook onmisbaar voor het voortbestaan van deze beauty.

13 FEBRUARI

ONZE NATUUR

Kakkerlakkendoder

Walgelijk of fascinerend? Naar welke kant de wijzer ook uitslaat, kakkerlakken laten niemand onberoerd. Hoewel onze inheemse kakkerlakken eerder klein zijn – verre neven zijn tot 9 centimeter lang – hebben ze een belangrijke functie in de natuur. Ze leven op een dieet van (plantaardig) afval en vuilnis, dat ze afbreken tot kleinere stukjes, die op hun beurt door andere organismen worden opgegeten. Zelf vormen ze ook een gegeerde voedselbron voor insecteneters zoals duizendpoten, spinnen en sommige wespen. Er is zelfs een graafwesp genoemd naar haar favoriete maaltijd: de kakkerlakkendoder.

18 NOVEMBER

Als een rode lap op een... roodborst

In tegenstelling tot stieren zijn roodborsten niet kleurenblind. Terwijl stieren kwaad worden op een wapperend doek van om het even welke kleur, zijn roodborsten geprogrammeerd om razend te worden op al wat rood is. Sommige volwassen vogels gaan wel erg ver in hun boosheid. Een rode bal, een speelgoedautootje, een fietser met een rode muts... in een vlaag van woede durft deze kleine zangvogel de gekste dingen uit zijn territorium te jagen. Af en toe worden er zelfs roodborsten gesignaleerd die tekeergaan tegen hun eigen spiegelbeeld. Van een kort lontje gesproken!

14 FEBRUARI

VALENTIJN

ONZE NATUUR

Dag van de tortelduifjes

Als je een koppeltje zomertortels elkaar het hof ziet maken, zou je bijna denken dat je met een stel verliefde pubers te maken hebt. Tedere zoenen en schattig geflikflooi wisselen elkaar af, terwijl ze elkaar ondertussen lieve woordjes in lijken te fluisteren. Geen wonder dat we het woord 'tortelduifjes' vanzelf associëren met verliefd gedrag!

Zoals de naam al laat vermoeden, vertoeft dit kleinste duifje van onze contreien enkel in het zomerseizoen bij ons om te broeden en haar kroost groot te brengen. Moderne vogels, die tortels, want het liefdevolle ouderpaar neemt deze taak samen op zich. Een luxe voor het kleine gezin, dat meestal maar uit één tot drie nakomelingen bestaat.

Even grondig in het (ver)bouwen van haar nestje als haar menselijke evenknie is de zomertortel niet: haar broedplaats is vaak niet meer dan wat slordig bij elkaar geraapte takken en twijgen. Tja, waarom zou je investeren in immobiliën als je overlevingskansen zo gering zijn als die van de zomertortel? Op twintig jaar tijd zou de populatie met 90% zijn afgenomen, wat haar een van de meest bedreigde vogelsoorten van Noordwest-Europa maakt. *Love hurts.*

17 NOVEMBER

ONZE NATUUR

Sterren van de herfst

Wanneer de meeste bloemen zijn uitgebloeid, ontpopt de **herfstaster** zich tot de ster van je tuin. Deze groene, vaste plant is op haar best in de herfst. Dan staan de mooie stervormige bloemen in bloei. Er bestaan wel tweehonderd soorten asters die in kleur variëren, van maagdelijk wit en zachtroze tot dieppaars, blauw of rood. Heb je te maken met kale plekken in je border? Dan is de herfstaster de ideale bodembedekker. De plant vormt veel ondergrondse uitlopers die de grond in een mum van tijd bedekken. Ook vlinders zoals de atalanta en de dagpauwoog zijn grote fans. Zij beleven tot laat op het jaar veel plezier aan de nectarrijke bloemen. Net als natuurliefhebbers zoals jij die nog wat langer van hun tuin willen genieten. Tot eind november, en als de weergoden ons goedgezind zijn zelfs tot in december, kun je genieten van een kleurrijk bloementapijtje.

15 FEBRUARI

ONZE NATUUR

Zoektocht naar diersporen

Bij sporen zoeken denk je waarschijnlijk meteen aan de pootafdrukken die dieren maken, maar eigenlijk laten dieren nog veel meer sporen na: uitwerpselen, vraatsporen, spinnenwebben, mierennesten, holen of nesten in bomen... In de buurt van water, op modderige zandgrond, kun je meestal makkelijk pootafdrukken spotten. Misschien spot je wel de hoeven van een everzwijn, de kleine pootjes van een egel of de teenkussens van een vos. Ook vraatsporen zijn interessant: een aangevreten boom, fruit waar vogels in gepikt hebben of opgegeten dennenappels duiden op dierlijke activiteiten. Benieuwd wat jij tegenkomt? Trek naar buiten als een echte detective en ga door je knieën om elk spoor grondig te inspecteren. Steek vervolgens de koppen bij elkaar om te achterhalen welk dier hier net langskwam.

16 NOVEMBER

Dansen de muizen op je tafel?

Net als de bruine rat en de stadsduif komt de **huismuis** zowat overal ter wereld voor. En daar heeft de mens iets mee te maken: als gediplomeerde cultuurvolger gaat de huismuis waar wij gaan. Omdat hij het meestal op de inhoud van onze voorraadkast gemunt heeft, beschouwen we dit schattige knaagdiertje echter als ongedierte. Huismuizen kunnen zich razendsnel voortplanten, met meerdere kroostrijke nestjes per jaar. Tel daar nog eens bij dat het allesbehalve laatbloeiers zijn – een muizenjong is al na zes tot twaalf weken geslachtsrijp – en je beseft dat het indammen van een muizenplaag best uitdagend is.

In het wild liggen een heleboel natuurlijke vijanden op de loer, zoals uilen, roofvogels, vossen en marterachtigen, maar binnenshuis heeft dit knaagdiertje enkel de mens en zijn trouwe huiskat te vrezen. Wil je muizen in huis vermijden? Bewaar je voedingsmiddelen in harde plastic dozen of blikken, ruim etensresten en kruimels meteen op en houd je fornuis, aanrecht en keukenkastjes schoon. Toch een piepende bezoeker ontdekt? Gebruik dan een val waarmee je hem levend kunt vangen en laat de muis op minstens 100 meter van je woning weer vrij, zodat hij de weg terug naar je warme huis niet meteen terugvindt.

16 FEBRUARI

Elke specht heeft zijn eigen, unieke drumsolo

Hoor je een specht heftig op een boom inhakken? Dan is de kans groot dat je een grote bonte specht gespot hebt – onze meest voorkomende spechtensoort. Wist je dat je hem ook kunt herkennen aan zijn geroffel? Elke specht heeft namelijk zijn eigen, unieke drumsolo.

— De **grote bonte specht** laat een kort, maar stevig drumsalvo op je los.
— De **kleine bonte specht** plant met een razende snelheid van 30 bps zijn snavel in een boom.
— De **middelste bonte specht** roffelt kort en laat zijn getokkel altijd volgen door een tweede reeks (en soms een derde).
— De **groene specht**: als vreemde eend in de bijt hoor je hem zelden trommelen.
— De **zwarte specht** drumt secondelang zo hard dat je hem kilometers ver kunt horen.

15 NOVEMBER

DAG VAN DE DYNASTIE

Lang leve de koningin

De meest bijzondere dynastie van ons inheemse dierenrijk vinden we in de mierenhoop. Eén mierenkoningin kan tot wel een miljoen 'prinsessen' voortbrengen, al is er meestal maar eentje die de koninklijke scepter van haar moeder officieel overneemt. De rest legt het loodje door honger, vijandelijke aanvallen of slecht weer. Al moet de *queen to be* wel nog een beetje geduld oefenen, want een mierenkoningin kan tot 25 jaar leven. Welk insect doet haar dat na?

Mannetjes hebben maar een kort leven in de hofhouding van de mierenkoningin. De mannelijke mieren die ze voortbrengt, dienen enkel om toekomstige koninginnen te bevruchten, zodat zij ergens anders een nieuw volk kunnen stichten. Zodra ze hun voortplantingstaak volbracht hebben, wisselen de mannetjes het tijdelijke voor het eeuwige – vaak al na een of twee dagen.

17 FEBRUARI

Wist je dat onze wilde hamster...

— **ook wel 'korenwolf' wordt genoemd?** Niet omdat hij roofzuchtig is, wel omdat hij zijn holen het liefst maakt in graanakkers.

— **20 tot 35 centimeter lang is en tot een halve kilo weegt?** Zeg maar gerust een 'megahamster'!

— **soms verrassende hapjes verschalkt?** Als een ware opportunist eet het knaagdier ook weleens insecten, slakken, amfibieën en zelfs muizen!

— **een eenzaam bestaan leidt?** Buiten het voortplantingsseizoen bewoont het diertje in zijn eentje zijn ondergrondse burcht.

— **een net beestje is?** In die burcht heeft de hamster voorraadkamers, nestkamers en zelfs een eigen toiletkamer.

— **een winterslaap houdt?** Dan maakt hij de ingangen van zijn burcht dicht om niet gestoord te worden.

— **een kei is in 'hamsteren'?** In het begin van de winter liggen kilo's voedsel opgeslagen in zijn voorraadkamer, voor de 'kleine hongertjes' tijdens de winterslaap.

— **bijna uitgestorven is?** Via kweekprogramma's probeert men geïsoleerde populaties in Limburg, Vlaams-Brabant en Wallonië nieuw leven in te blazen.

14 NOVEMBER

ONZE NATUUR

Geocache 'em all!

Ben je graag in de natuur, maar is een wandeling of fietstocht net niet uitdagend genoeg? Dan is geocaching misschien iets voor jou. Dat is een spel waarbij je aan de hand van coördinaten op zoek gaat naar een verstopplaats, een cache. Wat heb je nodig? Een wandel-gps (of een smartphone met gps-app), wandelschoenen en een uitstekende speurneus.

Bij geocaching kun je kiezen voor losse schatten of voor een uitgestippelde route met meerdere *waypoints* of routepunten, dat zijn punten waar je telkens nieuwe coördinaten krijgt om de volgende locatie te vinden. Pas bij het laatste waypoint kom je aan de schat: een logboekje in een waterdichte doos en soms een kleine prijs. De voldoening is groot wanneer je je naam in het logboekje kunt schrijven. Voor een geocache-wandeling ben je trouwens nooit te jong of te oud. Ga dus gerust op zoek met de hele familie. Weet je niet waar je moet beginnen? Neem een kijkje op de website www.geocaching.com.

18 FEBRUARI

ONZE NATUUR

DIY masker voor natuurhelden

Natuurontdekkers en -beschermers, dat zijn echte superhelden, en helden gaan niet naar buiten zonder een supercool masker. Download de template van Onze Natuur via de QR-code, verzamel in je tuin, tijdens een wandeling of in het park natuurlijke materialen met mooie kleuren en vormen en maak je eigen masker. Denk ook aan vogelveren, notendopjes, schelpjes of kleine kiezels met een mooie kleur of textuur. Zie je iets wat je mooi vindt? Pluk, trek, grabbel of pak het van de grond, maar doe het voorzichtig. Laat zeker genoeg over voor de dieren en voor andere natuurhelden die een masker willen maken.

13 NOVEMBER

De merel en de molshoop

Wat hebben merels toch met molshopen? Voelen ze zich verbonden met het gitzwarte zoogdier? Vinden ze er de perfecte camouflage ten opzichte van het omringende groene biljartlaken? Of houden ze gewoonweg van de warmte die zo'n zwart hoopje zand uitstraalt? Driemaal fout!

Let maar eens op: de merel kiest meestal een 'actieve' molshoop uit, eentje waar de mol regelmatig wat extra grond bij gooit. Uit puur opportunisme trekt de merel er de wacht op, vol ongeduld spiedend naar wormen die vluchten voor de grijpgrage gangengraver. Wanneer een worm opgelucht de buitenlucht bereikt, belandt hij haast rechtstreeks in de merelbek.

19 FEBRUARI

ONZE NATUUR

Eerherstel voor de rat

Ratten roepen bij de meeste mensen weinig positieve associaties op: ze verspreiden ziektes, ze vernietigen landbouwgewassen, ze zijn onsympathiek en agressief... Onterecht! De **bruine rat** heeft heel wat troeven in huis. Wist je bijvoorbeeld dat:

— **ratten een ongelooflijk scherpe neus hebben?** Ze kunnen zelfs getraind worden om antipersoonsmijnen op te sporen in oorlogsgebied. En ook bepaalde ziektes, zoals tuberculose, kunnen ze al snuffelend herkennen.

— **ratten intelligenter zijn dan mensen?** Niet alleen leren ze sneller nieuwe dingen, ook passen ze die kennis vlotter toe in hun dagelijkse leven dan dat wij dat kunnen. Dankzij hun ijzersterke geheugen en oriëntatievermogen kunnen ze heel snel uit een doolhof ontsnappen.

— **ratten echte afvalopruimers zijn?** Omdat ze allesbehalve kieskeurig zijn en hun tanden letterlijk overal in zetten, trekken ze ook hun neus niet op voor ons huishoudelijk afval. In Parijs alleen al zouden ratten naar schatting 800 ton vuilnis per dag oppeuzelen.

Bovendien zijn ratten heel empathische dieren, die hun soortgenoten in nood te hulp snellen en zelfs een lekker hapje laten liggen als ze daarmee hun makkers uit een penibele situatie kunnen redden. Daar kunnen we nog wat van leren!

12 NOVEMBER

ONZE NATUUR

Bomsalamander

Met zijn 17 centimeter lengte (van kop tot staart) is de **kamsalamander** de grootste van onze watersalamanders. Hij is zeldzaam in België en wordt op de Rode Lijst bestempeld als 'kwetsbaar'. Hij verkiest diepe poelen in gebieden met dichte vegetatie afgewisseld met open bos. Vaak vertoeft hij in vochtige gebieden die beschadigd zijn door menselijke activiteiten. De grootste populatie kamsalamanders in Vlaanderen bevindt zich dan ook in het Hasseltse natuurgebied Tommelen. Bombardementen op het station tijdens de Tweede Wereldoorlog maakten er diepe kraters in de grond, met als resultaat 110 kamsalamandervriendelijke poelen.

Deze fraaie 'minidraak' – met zijn sterk gekartelde rugkam lijkt hij zo uit een sprookje weggelopen – is een paraplusoort. Beheermaatregelen die erop gericht zijn de soort vooruit te helpen, zoals de aanleg van diepe, zonnige, visvrije waterplassen die rijk zijn aan waterplanten, zijn ook voordelig voor vele andere soorten met dezelfde habitat.

20 FEBRUARI

ONZE NATUUR

Paddenoverzet zoekt vrijwilligers

Eind februari ontwaken amfibieën uit hun winterslaap en komt de paddentrek op gang. De diertjes trekken dan van hun overwinterplek naar de voortplantingspoel. In een land als België verloopt die uittocht niet zonder slag of stoot. Amfibieën moeten vaak een drukke weg oversteken om op hun eindbestemming te raken. Gelukkig zijn er elk jaar honderden vrijwilligers die met hun lokale werkgroep al die padden, kikkers en salamanders helpen oversteken. En jij kunt daarbij helpen! Doe het niet alleen, maar contacteer je lokale werkgroep of neem een kijkje op de website van Hyla, de amfibieën- en reptielenwerkgroep van Natuurpunt. Daar vind je een overzicht van alle paddentrekacties.

Hoe gaat zo'n paddenoverzet in zijn werk? Met ingegraven emmers en strategisch geplaatste paddenschermen worden amfibieën voorzichtig opgevangen. Vervolgens controleren vrijwilligers de dagelijkse 'vangst' en zetten ze de opgevangen dieren aan de overkant van de weg. Zo kunnen de amfibieën de reis naar hun geboortepoel veilig voortzetten.

11 NOVEMBER

ONZE NATUUR

WAPENSTILSTAND

Onschuldig wapentuig

Vandaag vieren we Wapenstilstand, het einde van de Eerste Wereldoorlog. Sommige dieren zijn echter niet in staat om hun wapens zomaar neer te leggen, omdat ze nu eenmaal onlosmakelijk deel uitmaken van hun lichaam. Kijk maar naar het **vliegend hert**: het mannetje van dit uit de kluiten gewassen insect heeft echte joekels van kaken. Met wat verbeelding lijken ze op het gewei van een hert – vandaar zijn naam. Dit indrukwekkende wapentuig gebruikt hij om zijn liefdesrivalen letterlijk uit de weg te ruimen. Zo krijgt hij de kans om, terwijl de concurrent op zijn rug ligt te spartelen, met zijn begeerde vrouwtje te paren.

Leuk, die grote kaken... Maar in tegenstelling tot het vrouwtje, dat wél stevig van zich af kan bijten, kan hij er weinig schade mee aanrichten. En ook wanneer hij de schors van een boom wil halen om er sap uit te drinken, zitten ze behoorlijk in de weg. Geen verse boomcocktail voor de vliegende hertenbok dus! Ook daar moet zijn vrouwelijke partner hem te hulp snellen.

21 FEBRUARI

Achter de schermen: een ondankbare taak

Producer Line Leeters: ‘Bij de meeste producties sta je dag in, dag uit op de set, maar bij een natuurdocumentaire heb je die luxe niet. Je wilt de hoofdrolspelers van je reeks – de wilde dieren – immers zo weinig mogelijk verstoren. Toch werd af en toe mijn hulp ingeroepen, al was dat meestal niet voor de meest uitdagende taken. Zo heb ik eens twee vriesnachten doorgebracht op het strand van Zeebrugge om de wacht te houden bij het kadaver van een bruinvis. Dat hadden we daar zelf gelegd, in de hoop dat er aaseters op af zouden komen. Cameramannen Pim en Dick wisselden elkaar af om te filmen, terwijl ik de auto met al het materiaal bewaakte. Niet helemaal hoe ik me mijn job als producer van een natuurdocumentaire had voorgesteld. Om het goed te maken werd ik ’s morgens getrakteerd op een prachtige zonsopgang.’

10 NOVEMBER

ONZE NATUUR

Bospoffers

In de herfst heb je de 'poffers' voor het oprapen in het bos. De geur van gepofte **kastanjes** roept een instant herfstgevoel op, maar je kunt niet zomaar elke kastanje in de pan gooien. Er bestaan twee soorten. De tamme kastanje is de soort met eetbare vruchten. Wilde kastanjes daarentegen zijn giftig. Je herkent de tamme kastanjeboom aan zijn lange, donkergroene, gekartelde bladeren. De vijfvingerige bladeren van de wilde kastanje hebben een volledig andere vorm. Let in de herfst ook goed op de rijpe vruchten. De groene bolster van de tamme kastanje heeft veel en fijne prikkers. De bolster van een wilde kastanje heeft veel minder en dikkere stekels. Rijpe stekelige bolsters barsten open en laten gemiddeld drie kastanjes vallen, en ook die vertonen opvallende verschillen: tamme kastanjes hebben een platte onderkant en een puntje met witte pluisjes eraan. Ze smaken lekker zoet. Wilde kastanjes hebben geen pluisje, zijn ronder van vorm en glimmen mooi, maar zijn voor ons, mensen, dus niet eetbaar.

22 FEBRUARI

ONZE NATUUR

Achter de schermen: onvoorziene omstandigheden

Hoewel je dat als buitenstaander soms zou denken, stond het leven van onze documentairemakers tijdens de intense draaiperiode niet stil. Op tweeënhalf jaar tijd:

— werden drie flinke zonen geboren in het team (of toch bijna – nummer drie kwam korte tijd na de laatste draaidag ter wereld);
— belandde één filmmaker op de spoedafdeling met nierstenen;
— moest één terreinwagen uit de modder gegraven worden;
— moest één bestelwagen 19 keer bijna uit de modder gegraven worden;
— werd er op een week tijd twee keer ingebroken bij de cameraploeg: één keer in de wagen, één keer in huis;
— kreeg één cameraploeg het Spaans benauwd toen hun camouflagetent in Nationaal Park Hoge Kempen mogelijk verward werd met de bivak van de voortvluchtige militair Jürgen Conings;
— heeft het hele team een pandemie overleefd.

09 NOVEMBER

ONZE NATUUR

Natuurlijk schild

De bronst of beertijd van het **wilde zwijn** kan er best pittig aan toegaan. Wanneer twee mannetjes – ook wel keilers of beren genoemd – elkaar bekampen om het hart van een vrouwtje te winnen, gebeurt het niet zelden dat een van beide rivalen het gevecht met zijn leven moet bekopen. Daarom is het enorm belangrijk dat je als wandelaar in de herfst zo ver mogelijk weg blijft van dit wrede en vaak bloederige strijdtoneel!

Vooral de flanken zijn een gevoelige plek voor de heren everzwijn, want die zijn volledig onbeschermd. Andere plaatsen op hun lichaam zijn wél voorzien van de nodige bewapening. Zo groeien er joekels van slagtanden uit hun bek, die zowel vanuit hun boven- als onderkaak naar boven krullen. Met die scherpe moordwapens kunnen ze behoorlijk wat schade aanrichten bij een aanval op een tegenstander. Gelukkig kan elk evermannetje tijdens de beertijd rekenen op een natuurlijk schild. Er ontwikkelt zich dan een centimeters dik pantser van onderhuids bindweefsel ter hoogte van de borstkas, zodat hun longen en hart wel beschermd zitten.

23 FEBRUARI

ONZE NATUUR

Digitale zakencyclopedie

Wat schiet binnenkort allemaal uit de grond? Welke insecten zoemen er in de lente op los? De app Obsidentify vertelt het je. Met deze gratis app kun je planten en dieren in een oogopslag identificeren. Je maakt een foto, stuurt hem in en de app vertelt jou wat erop staat. Dat gebeurt aan de hand van artificiële intelligentie, je hoeft dus geen vragen te beantwoorden of een dikke plantengids mee te brengen. Je smartphone is genoeg voor een leerrijke natuurwandeling. Door soorten te identificeren help je bovendien beheerders, beleidsmakers en onderzoekers een handje om de biodiversiteit van de Belgische natuur in kaart te brengen. Alle ingestuurde informatie gaat namelijk rechtstreeks naar een nationale databank. Een schat aan informatie! Kijk zelf maar eens op www.waarnemingen.be.

08 NOVEMBER

ONZE NATUUR

INTERNATIONALE DAG VAN DE BIODIVERSITEIT

Een stekelige kwestie

Denk je dat je een **egel** in je tuin gezien hebt? Eigenlijk kun je je echt niet vergissen, want zoals de egel is er maar één in ons land. Geen enkel ander inheems dier kan immers pronken met zo'n rug vol scherpe stekels. Benieuwd of je deze stekelweetjes al kent!

— Een volwassen egel heeft gemiddeld zes- tot negenduizend bontgekleurde stekels op zijn rug en flanken. Bij gevaar rolt de egel zich tot een bolletje en zet hij zijn stekels rechtop. Het ideale wapen tegen roofdieren! Enkel tegen de stevige klauwen van de das biedt die stekelvacht geen soelaas.

— De egel verliest het hele jaar door stekels, maar er groeien ook weer nieuwe stekels bij – net zoals onze haren, dus. Een egelstekel heeft een levensduur van ongeveer achttien maanden. Hij heeft geen seizoensgebonden rui, maar verliest het hele jaar door af en toe een stekel.

— Babyegels worden zonder stekels geboren. Na de geboorte duurt het gemakkelijk enkele uren voor de eerste kleine prikkertjes op hun rug verschijnen. Deze kersverse stekels voelen nog zacht aan en zijn wit van kleur. Zodra ze vier weken oud zijn, is hun stekelvachtje compleet.

24 FEBRUARI

ONZE NATUUR

Kampioen bij de lichtgewichten

Sportliefhebbers, opgelet! Vanaf februari tot in mei kun je getuige zijn van een heel bijzonder evenement in de natuur. Om indruk te maken op de vrouwtjes en hun rivalen af te schrikken organiseren **hazen**mannetjes in de paartijd heuse bokswedstrijden onder elkaar. Ze staan daarbij rechtop op hun achterste poten en gaan letterlijk op de vuist met hun tegenstanders. Van een pak rammel gesproken! Niet toevallig dus dat een mannetjeshaas ook een 'rammelaar' genoemd wordt.

De vrouwtjes of moertjes blijven trouwens niet hulpeloos aan de zijlijn toekijken. Zij gooien hun eigen voorpoten in de strijd wanneer die bende onbehouwen mannen die ze achtervolgt een tikkeltje te opdringerig wordt. Uiteindelijk kan er natuurlijk maar één winnaar zijn, die met de hoofdprijs naar huis mag. En na zes weken krijgt hij er nog een nest langorige cadeautjes bovenop!

07 NOVEMBER

ONZE NATUUR

Honkvaste forel

Tijdens een roadtrip door de Ardennen kun je geen dorpje passeren of je ziet wel ergens een wegwijzer staan naar een forellenkwekerij. De **beekforel** voelt zich dan ook als een vis in het water in de Ardense, kronkelende riviertjes. Je kunt hem makkelijk herkennen aan zijn gestroomlijnde taille, zijn bronsgroene kleur en de blauwe, rode of witte stippen op zijn flanken. In tegenstelling tot zijn neefje de zeeforel doet hij niet aan migratie, maar blijft hij zijn hele leven op de plek waar hij is opgegroeid.

De beekforel is vooral gek op koele, snelstromende beken en rivieren met zuurstofrijk water van goede kwaliteit. Die zuurstof is heel belangrijk voor de eitjes, die het vrouwtje tussen oktober en januari in een zelfgegraven paaikuil op een grindbank legt. Voor de voortplanting heeft het water dan een ideale temperatuur (+6 °C) bereikt. Coole jongens, die beekforellen!

25 FEBRUARI

ONZE NATUUR

Op stap in de Vlaamse Ardennen

Het aantal biotopen dat je passeert op een wandeling in de Vlaamse Ardennen kun je niet op één hand tellen. Dit fiets- en wandelwalhalla – hallo, voorjaarsklassiekers! – combineert glooiende populierenbossen, valleien met kronkelende beekjes, broek- en bronbossen, poelen en open kouters die verweven zijn met landbouwgebied. Dit 695 vierkante kilometer grote areaal staat ook bekend om de talrijke kleine landschapselementen. Hagen en heggen, poelen, houtkanten, bomenrijen en nog veel meer geven het landschap karakter en verbinden kleine bosjes met elkaar.

Je kent deze regio misschien nog het best vanwege de blauwe voorjaarstapijten met wilde hyacinten die elk jaar in april duizenden wandelaars op de been brengen. De typische flora trekt op haar beurt heel wat diersoorten aan die je op andere plekken nog maar zelden tegenkomt. Zo voelen de bronlibel en de vuursalamander zich helemaal thuis in de Vlaamse Ardennen. Het is ook een van de belangrijkste Europese leefgebieden voor de zwarte en middelste bonte specht, de wespendief en tal van vleermuizen. Klaar om op ontdekking te gaan? Natuurgebieden zoals het Burreken, de Kaaimeersen en het Kluisbos zijn jouw bezoek meer dan waard.

06 NOVEMBER

ONZE NATUUR

Stedelijke spinnen maken een kleiner web

Het leven in de stad staat mijlenver af van de oorspronkelijke natuur. Toch weten heel wat soorten zich te settelen in de *urban jungle*. Zo maken stadsspinnen merkelijk kleinere webben dan hun soortgenoten op het platteland. Een kleine kanttekening: ze gebruiken daar wel evenveel spinrag voor en bouwen een net met fijnere mazen. Zo passen ze zich wonderwel aan aan de kleinere prooien die in de stad rondzoemen. In een wereld zonder sprinkhanen, vlinders en libellen moeten ze rondkomen met een heleboel kleinere prooien die in de natuur door de mazen van hun web glippen.

26 FEBRUARI

ONZE NATUUR

Spiegeltje, spiegeltje aan de wand

In de winter, en zeker op regenachtige dagen, schieten zwammen en schimmels als paddenstoelen uit de grond. Dat er heel speciale paddenstoelen in België te vinden zijn, verklappen namen als duivelsei en satansboleet meteen. Veel paddenstoelen zijn trouwens beschermd en mag je niet plukken. Daarom kun je beter alleen kijken. En wat is de beste manier om alle hoekjes en kantjes van zo'n sprookjesachtige zwam in detail te bewonderen zonder hem aan te raken? Precies: een spiegeltje. Geloof ons, het loont echt de moeite om een klein zakspiegeltje mee de natuur in te nemen. Door de spiegel onder de hoed van een paddenstoel te houden kun je de onderkant in alle rust bestuderen. Buisjeszwammen lijken wel van spons gemaakt als je de onderkant bekijkt. Plaatjespaddenstoelen hebben dan weer honderden plaatjes aan de onderkant van hun hoed. Welke texturen en patronen kom je nog zoal tegen?

Overwinteren in de kelder

Van alle salamanders die in ons land leven, is de **vinpootsalamander** de kleinste soort. In het najaar zoekt hij een vochtige schuilplaats in de schaduw, waar hij kan overwinteren zonder uitdroging te riskeren. Wie weet vind je er wel eentje in je kelder. Is dat het geval, dan kun je de vinpootsalamander verhuizen naar een beschut plekje in je tuin, bijvoorbeeld bij een houtstapel uit de zon. Opgelet: doe dat alleen als er de komende twee weken nog geen grondvorst is voorspeld, want anders overleeft hij het niet!

Is er wel al sprake van vorst en is de temperatuur in je kelder lager dan 6 °C? Zet er dan een plastic doos neer, gevuld met een laagje bladaarde die je goed vochtig houdt. Zet je nieuwe vriend erin en dek de doos af met een deksel waarin je enkele ventilatiegaten hebt gemaakt. Is het in je kelder warmer dan 6 °C, dan kun je hem in een terrarium – voorzien van bladaarde, genoeg schuilplaatsen en een schaaltje water – laten overwinteren. Dan moet je hem af en toe wel een regenwormpje voederen, want een echte winterslaap zit er bij hogere temperaturen niet in.

27 FEBRUARI

Trompetterend luchtspektakel

De **kraanvogeltrek** in het oosten van België is de jaarlijkse hoogmis voor vogelspotters. Onderweg van het Middellandse Zeegebied naar het Hoge Noorden (en in het najaar weer terug) passeren dan tienduizenden kraanvogels boven onze Oostkantons. Afhankelijk van de wind kun je ze soms ook boven andere delen van het land spotten. Ze herkennen is niet moeilijk: de grote vogels (groter dan de ooievaar) vliegen met gestrekte hals en poten, terwijl ze luid trompetterend iedereen over hun doortocht informeren.

Af en toe komen deze majestueuze vogels even aan land om uit te rusten. Nog zeldzamer vliegen ze niet verder naar het Hoge Noorden, maar blijven ze hier om te broeden. In 2021 leidde dat tot de allereerste kraanvogeljongen in België – geboren en getogen in de Limburgse vallei van de Zwarte Beek.

04 NOVEMBER

ONZE NATUUR

Eet geen groene knolamaniet!

De ene witte paddenstoel is de andere niet. Dat bewijst de groene knolamaniet meteen, of toch binnen 24 uur. Dit witte exemplaar lijkt als twee druppels water op een eetbare champignon en heeft een lekkere, nootachtige smaak. Zij die ervan proefden, rusten ondertussen in vrede, want één klein stukje van deze extreem giftige schimmel is helaas dodelijk. De groene knolamaniet wordt daardoor beschouwd als een van de giftigste schimmels ter wereld, maar geen zorgen als je deze paddenstoel per ongeluk aanraakt. Het gif van deze 'hoed des doods' (*death cap*) zit alleen in de cellen. Aaien mag dus, opeten niet!

28 FEBRUARI

ONZE NATUUR

Gravity boots

Tenzij je Elon Musk heet, lijkt niemand op aarde te kunnen ontsnappen aan de zwaartekracht. Toch trippelen vliegen vrolijk over het plafond en laten ze er zelfs hun kakjes achter. Hoe doen ze dat toch?

Laten we het voetenwerk van de doorsneevlieg eens onder de loep nemen. Die zijn uitgerust met twee miniklauwen om zich vast te grijpen aan ruwe oppervlakken. Maar ook voor gladde oppervlakken, zoals glas, heeft de **vlieg** een oplossing in petto: microscopisch kleine kleefhaartjes die een soort lijm uitscheiden en zich als een zuignap gedragen.

Dan rest nog de vraag: hoe landen ze ondersteboven? Dat vergt enige acrobatiek en een lenig insectenlichaam. Vliegen vliegen tot vlak onder het plafond, strekken hun voorpoten, grijpen zich vast en flikflakken tot ze ondersteboven hangen. Oef!

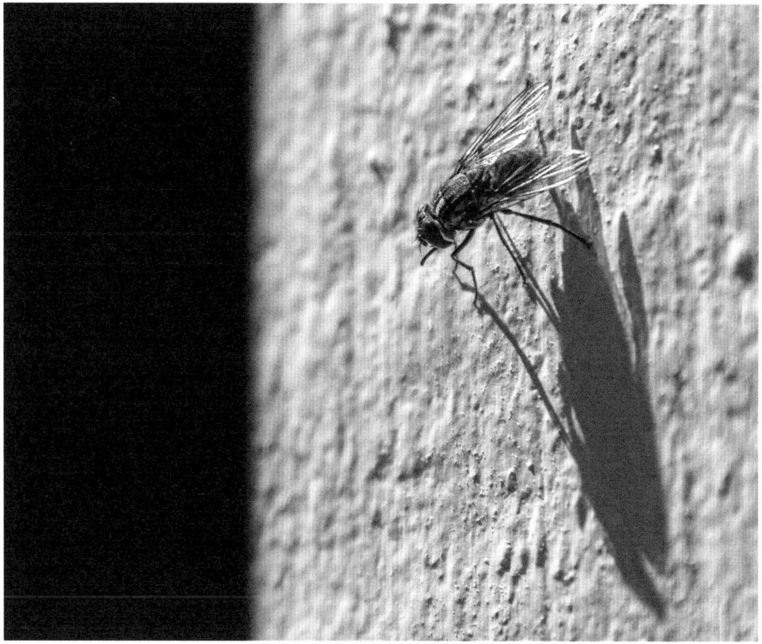

03 NOVEMBER

ONZE NATUUR

Heksensnot

Stoot je langs de waterkant op een hoopje blubber, dan is de kans groot dat er een reiger met een zware maag gepasseerd is. In de volksmond kreeg het fascinerende goedje sprookjesachtige namen als 'sterrenschot' en 'heksensnot', wat in elk geval beter klinkt dan het ordinaire 'reigerkots'. Want dat is exact wat het is: een kikkermaaltijd die de weg terug naar buiten gevonden heeft.

Hoe dat komt? Wanneer **reigers** (of ooievaars, of marterachtigen) een zwanger paddenvrouwtje opeten, komen ook de onbevruchte eitjes in hun maag terecht. Die zwellen op wanneer ze in aanraking komen met maagvocht, net zoals ze zouden doen in hun voortplantingspoel. De gezwollen substantie ligt als een baksteen op de maag van de onfortuinlijke killer, waardoor het dier de brij onelegant uitbraakt.

29 FEBRUARI

SCHRIKKELDAG

ONZE NATUUR

Sprongetje in de tijd

Zowat elke vier jaar voegen we een extra dag toe aan de kalender, omdat ons kalenderjaar eigenlijk een tikkeltje

korter duurt dan een zogenaamd 'tropisch jaar' – de tijd die de aarde nodig heeft om volledig rond de zon te draaien. 5 uur, 48 minuten en 45.1814 seconden om precies te zijn. Zonder het toevoegen van zo'n schrikkeldag zou het begin van elk seizoen per honderd jaar ongeveer 24 dagen vroeger vallen, wat in ons dagelijks leven een heleboel gedoe zou opleveren. Want wie viert er nu Kerstmis aan het begin van de lente?

Het woord 'schrikkeldag' hebben we te danken aan de oude betekenis van het woord 'schrikken', dat in vroeger tijden zoveel betekende als 'een grote sprong nemen'. Net zoals een schrikkeljaar met één dag verspringt dus. En ook in onze natuur blinken enkele bewoners uit in de nobele discipline van het verspringen: van de sprinkhaan en de boomkikker tot de eekhoorn en het konijn. Eén atleet steekt er echter met kop en gewei boven uit. Geen betere mascotte voor deze schrikkeldag dan het ree, dat moeiteloos een afstand van 7 meter in de lucht overbrugt!

02 NOVEMBER

ONZE NATUUR

Natuurgebied van de maand: Lommelse Sahara

Een woestijn in Vlaanderen? Dan moet je afzakken naar de enige echte Lommelse Sahara! Eyecatcher is zonder meer het azuurblauwe meer te midden van een gigantische zandvlakte en omringd door typisch Kempense naaldbossen. Maar voor de fervente wandelaar, mountainbiker of ruiter heeft dit gebied nog veel meer in petto: purperen heide, groene loofbossen, ellenlange jaagpaden, oude bunkers... en als kers op de taart een 30 meter hoge uitkijktoren vanwaaruit je pas écht kunt zien hoe ver dit natuurjuweel reikt.

De Lommelse Sahara, die deel uitmaakt van Bosland, kun je bezoeken vanaf de parking van De Soeverein, Sportveldenstraat 10 in Lommel.

ONZE NATUUR

01 MAART

COMPLIMENTENDAG

Strooi met complimentjes

Ken je iemand die zich dag in, dag uit belangeloos inzet voor de natuur? Die zwerfvuil opraapt tijdens het joggen, de vogels in de tuin verwent met kilo's pinda's en meelwormen?

Haal dan eens je allerbeste complimenten tevoorschijn, schrijf ze op een kaartje en stop dat in de brievenbus van die wilde natuurweldoener!

Om het helemaal af te maken kun je er nog wat zaadbommetjes aan toevoegen, gevuld met zaad van bloemen waar bijen en andere insecten verzot op zijn. Iemand met zoveel liefde voor onze natuur wil vast en zeker bijdragen tot het verbeteren van de biodiversiteit in eigen streek. Hoe je zo'n zaadbommetje maakt? Simpel!

- — Meng 8 eetlepels natuurlijke klei met 6 eetlepels potgrond in een grote kom en kneed goed met je handen.
- — Strooi wat bloemzaadjes en een theelepel chilipoeder (om ongewenste insecten op een afstand te houden) door je mengsel en voeg wat water toe als het te droog is.
- — Maak kleine balletjes van je mengsel en laat ze een dag en een nacht drogen in een lege, kartonnen eierdoos.
- — Laat de groene revolutie maar losbarsten!

01 NOVEMBER

ONZE NATUUR

ALLERHEILIGEN

De zwart-witte dood

Je kent de **ekster** misschien als een brutale dief die er met je vuilnis vandoor gaat, maar eigenlijk is het vooral een sociale, nieuwsgierige en bijzonder slimme vogel. En ook qua emotionele intelligentie scoort dit zwart-wit gevederde dier hoog. Merkt een ekster een overleden soortgenoot op, dan zal hij de rest van de familie erbij roepen, waarna ze er samen omheen gaan staan en het slachtoffer omringen met grassprietjes en takjes. Een soort georkestreerd begrafenisritueel, wat best ontroerend is om te zien.

Toch zoeken eksters ook bewust de dood op. Ligt er een kadaver van een aangereden dier langs de snelweg, dan komt er al gauw een troep eksters aangevlogen om de boel op te ruimen. Eksters zijn echte aaseters en maken het zichzelf graag gemakkelijk: vogelvoer op een voederplank, keukenafval uit een gescheurde vuilniszak of welja, een stukje *roadkill* op de pechstrook... Als wij mensen de moeite in zijn plaats doen, weerhoudt niets de ekster ervan om van ons 'werk' te profiteren.

02 MAART

ONZE NATUUR

Blauwe discokikker

Een blauwe kikker? In onze natuur? Jazeker! Maar dan moet je écht op het juiste moment op de juiste plek zijn. Tijdens de paartijd kleurt het mannetje van de **heikikker** smurfenblauw – bij deze kikkersoort krijgt de uitdrukking 'een blauwtje lopen' dan ook een heel nieuwe betekenis. Die kameleontruc houdt hij maar enkele dagen vol. Op alle andere dagen van het jaar is de heikikker amper van de verwante bruine kikker te onderscheiden.

Hoe slaagt deze coole discokikker erin zo'n apart kleurtje tentoon te spreiden? Dat doet hij door lymfevloeistof onder de huid te pompen, waardoor hij ook lichtjes opzwelt. Gedurende zijn korte baltsperiode kun je ook zijn betoverende lokroep horen: 'woep woep' – het lijken wel waterbubbels die uiteenspatten aan het wateroppervlak. Geen heikikkervrouwtje dat daaraan kan weerstaan!

31 OKTOBER

ONZE NATUUR

Boommarter of steenmarter?

In tegenstelling tot de bekendere (en beruchtere) steenmarter hoef je van de boommarter niet veel te vrezen. Hij leeft bij voorkeur in het bos en mijdt plekken in de nabijheid van mensen. Een leeggeroofd kippenhok of een doorgeknaagde kabel onder je motorkap zijn dus geen vandalenstreken die de boommarter op zijn kerfstok heeft. Toch verwarren veel mensen hem nog met zijn neef de steenmarter. Wil je ze uit elkaar kunnen houden? Kijk hier dan naar.

— **Neus:** de boommarter heeft een zwarte snuit, terwijl het topje van de neus van de steenmarter roze kleurt.
— **Bef:** de crèmekleurige bef van de boommarter eindigt in een enkele punt, bij de steenmarter is de keelvlek witter van kleur en in tweeën gedeeld.
— **Vacht:** de ondervacht van de boommarter is donkerder van kleur dan die van de steenmarter, waardoor hij over het algemeen ook donkerder oogt.
— **Oren:** de oren van de boommarter zijn iets groter dan die van de steenmarter en staan wat dichter bij elkaar.
— **Poten:** de achterpoten van de boommarter zijn langer dan die van de steenmarter (en elke andere marterachtige).

03 MAART

Zwaluwen kondigen de lente aan

Daar zijn de zwaluwen weer! Vanonder de Afrikaanse zon trekken ze massaal hiernaartoe om een gezin te stichten. Waarom? Omdat het hier gonst van de kleine, vliegende insecten – het ideale voedsel om zwaluwbaby's groot te brengen.

Met zijn lange, gevorkte staart is de **boerenzwaluw** zowat het prototype van de zwaluw in ons land. Oorspronkelijk trok hij zijn nest op tegen rotsen en in grotten, nu kiest hij voor het 24/7 insectenbuffet dat boerenerven en wilde tuinen te bieden hebben. Met een mengsel van modder, klei, speeksel, gras en veren bouwt hij een bolvormig nest onder dakranden of in schuren.

Koos de boerenzwaluw jouw tuin uit om een kraamkolonie te stichten? Laat zijn nesten dan hangen in het najaar, ze worden volgend jaar opnieuw bewoond!

30 OKTOBER

ONZE NATUUR

Achter de schermen: Europese hoornaars in de aanval

Camera-assistent Jeffrey van Houten: 'In een hoogzit hebben we een speciale nestkast voor hoornaars opgehangen. Speciaal, omdat we er in principe veilig mee binnen in het

nest zouden kunnen filmen. Toen het nest groot genoeg was, ging ik met Mees ter plaatse om wat beelden te maken. Het was nog pikdonker, dus plaatsten we twee lampjes en een camera in de hoogzit. Voorzichtig verwijderde ik de houten plankjes van het nest, maar de glazen plaat waar we doorheen wilden filmen, bleek klem te zitten.

Mijn nobele poging om dat akkefietje te herstellen ging gepaard met een enorme dreun en meteen schoten er tientallen agressieve hoornaars uit het nest! Gelukkig vlogen ze naar die lampjes toe en kon ik de rest met mijn trui verhinderen te ontsnappen. Zelf renden we weg naar een veilige plek, maar we moesten wel nog terug voor ons materiaal én om te filmen. Na anderhalf uur gingen we op kousenvoeten terug en probeerde ik het euvel opnieuw te verhelpen. Slechts vijf wespen raakten gealarmeerd, maar na een halfuurtje was de rust weergekeerd en konden we eindelijk onze shots maken. Zo draaide een bijna-doodervaring – want zo voelde het écht – toch nog op een hoogtepunt uit.'

04 MAART

ONZE NATUUR

Achter de schermen: allereerste draaidag

Cameraman Pim Niesten: 'Een spannend moment. Voor het hele team, maar ook voor mij. Al maakte ik als freelance natuurfilmer al vele "eerste draaidagen" mee voor natuurfilmprojecten in alle uithoeken van de wereld, dit was de eerste keer dat ik mijn werk kon doen in eigen land. Voor het productieteam van Hotel Hungaria was dit ook iets nieuws: voor het eerst werd een echte natuurreeks gedraaid in België met redelijk wat tijd, budget en de daaraan gekoppelde hoge verwachtingen én onzekerheden. En dat voelde ook ik. Gelukkig zat ik afgelegen en onbereikbaar diep weggestoken in een Ardens beukenbos. Zo kon ik me op mijn werk concentreren: edelherten filmen! Volledig gecamoufleerd en goed ingeduffeld verschool ik me voor dag en dauw achter een grote boomstronk. Wat was het koud! Op deze hoge toppen in de Ardennen duikt het kwik zelfs in maart nog ruim onder nul. Felle sneeuwbuien maakten het nóg kouder en bemoeilijkten het filmen. Toch kon ik bij het vallen van de avond mijn schuilplek verlaten met een tevreden gevoel én goed nieuws voor de collega's: ik had sfeervolle, magische beelden van een groep edelherten in een besneeuwd beukenbos.

Een succesvolle start voor *Onze Natuur*!'

29 OKTOBER

Rode vlek

De volwassen **zilvermeeuw** heeft een opvallende rode vlek op zijn ondersnavel. Die heeft een belangrijke signaalfunctie naar zijn jongen. Wanneer zij een rode vlek zien, beginnen de kuikens er instinctief naar te pikken. Dat stimuleert de braakreflex van de ouders, die zo hun nageslacht van voedsel voorzien.

De rode vlek van de zilvermeeuw was het onderwerp van een bekend experiment van de Nederlandse etholoog Nico Tinbergen, een pionier inzake gedragsonderzoek bij wilde dieren. Hij bood jonge meeuwen verschillende modellen van meeuwenkoppen aan terwijl hun ouders op jacht waren. Niet alleen de kleur van de vlek bepaalde de sterkte van hun reactie, ook het contrast met de rest van de snavel, de grootte van de vlek en zelfs de dikte van de snavel (hoe dunner, hoe liever) bleken van belang.

05 MAART

Wilgenlover

Wanneer vroeg in het jaar de wilg in bloei staat, komen ook de **grijze zandbijen** tevoorschijn. Ze zijn erg kieskeurig en eten alleen stuifmeel en nectar van wilgenkatjes. De vrouwtjes verzamelen wilgenstuifmeel in hun smalle holen in zanderige bodems. Zo'n zandbijennest reikt 25 tot 60 centimeter diep, waar het vertakt naar een tiental broedcellen. Elke broedcel krijgt zijn stuifmeelklompje, tot een bolletje gekneed met wat kleverige nectar. Binnen in elk bolletje legt de bij een ei. Zo heeft de larve bij het uitkomen meteen een voedselvoorraad ter beschikking.

Een zandbijennest ziet eruit als een kegelvormig hoopje zand met in het midden een gaatje – bij voorkeur op een (half)open zonnig plekje met wilgen in de buurt. Vind je één nest, dan zijn er waarschijnlijk nog meer in de buurt. De grijze zandbij leeft solitair – elk hol wordt bewoond door één vrouwtje – maar wel in de buurt van soortgenoten.

28 OKTOBER

ONZE NATUUR

Treurende wilg

Vanwege zijn associatie met verdriet en verlies wordt de **treurwilg** vaak op begraafplaatsen aangeplant. Ook andere talen, zoals het Frans (*saule pleureur*) en het Engels (*weeping willow*), suggereren dat de treurwilg zich het meest op zijn plek voelt in een tranendal. Daar klopt wel iets van... Treurwilgen staan graag met hun voeten in een natte, moerasachtige bodem en laten hun twijgen soms tot op de grond of in het water hangen.

Met een ronde kruin en breed uitgroeiende, hangende takken vormt deze majestueuze boom een prima schaduwplekje, waar je op een warme dag de koelte kunt opzoeken. In de herfst neem deze elegante wilg zijn mooiste gedaante aan met zachtgele bladeren, die hij later, in de winter, verliest. In het vroege voorjaar schiet de treurwilg gelukkig vroeg in actie en komen al snel weer frisgroene blaadjes piepen. Voor de mooie, zilvergroene katjes met mannelijke of vrouwelijke gele bloemen is het wachten tot maart.

06 MAART

ONZE NATUUR

Gagel met een schuimkraagje

Bierliefhebbers letten nu maar beter goed op. Van maart tot mei staat wilde gagel in bloei. Deze meerjarige struik houdt van natte bodems en verspreidt een lekkere, kruidige geur via speciale klieren op zijn takken, bladeren en bloemen. Al in de middeleeuwen werd wilde gagel gebruikt als medicijn en om bier te brouwen. Vóór de ontdekking van hop gebruikten bierbrouwers gruit, een mengsel van rozemarijn, duizendblad en wilde gagel. Gruit gaf het bier eerder een zoete dan een bittere smaak. Deze manier van bierbrouwen wordt nu nog toegepast, vooral voor speciaalbieren. In Landschap De Liereman in Oud-Turnhout werd in 1996 door de lokale Natuurpunt-afdeling voor de eerste keer gagel geplukt om er bier van te brouwen. Het resultaat, Gageleer biobier, kun je nu nog altijd proeven. En het mooie is: de opbrengst van al dat bierbrouwen gaat terug naar de natuur. Schol!

ONZE NATUUR

27 OKTOBER

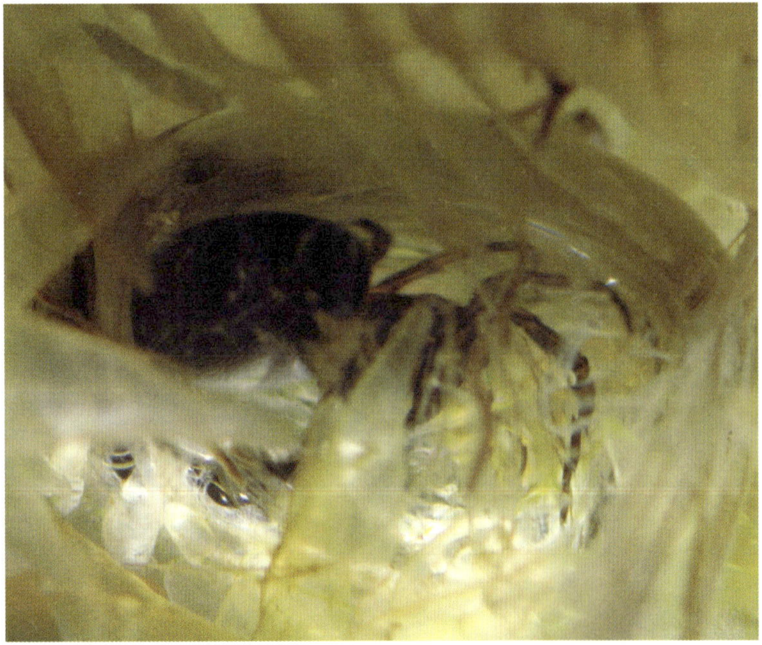

Als een spin in het water

Hoewel ze geen kieuwen heeft, voelt de **waterspin** zich als een vis in het water. Ademen doet ze via lucht die ze zelf meeneemt naar haar kleine 'duikerklok', een bolvormig netje van spinrag dat ze tussen de waterplanten ophangt. Als transportmiddel voor die lucht gebruikt de waterspin haar eigen lichaam. Ze steekt haar kontje parmantig boven water en wanneer ze terug onder water duikt, blijft er wat verse lucht zitten tussen de haren op haar achterlijf.

Eten, vervellen, overwinteren, paren, eieren leggen... dat gebeurt allemaal in de veilige omgeving van de duikerklok. Slechts één keer per dag haalt de waterspin wat verse lucht op. De rest van de dag doet het zakje lucht dienst als een soort long: zuurstof uit het water wordt opgenomen en kooldioxide uit de spinnenadem weer afgegeven. Ze is de enige spin die zo haar hele leven onder water doorbrengt.

07 MAART

De populairste salamander

Een zwart, gevlekt luipaardpatroon op snuit, poten, flanken en kam, een oranjerode buik en keel... Als je enkel naar zijn uiterlijk kijkt, zou je vermoeden dat je met een amfibie van exotische afkomst te maken hebt. De **alpenwatersalamander** is echter de meest algemene salamandersoort in ons land. Zijn naam heeft hij te danken aan de plaats waar hij voor het eerst beschreven werd, in de Oostenrijkse Alpen.

Wil je er eentje aan land spotten, ga rond deze tijd dan eens op pad op een druilerige, zachte avond. Momenteel ondernemen ze hun tikkeltje riskante reis van de overwinterplek naar de voortplantingspoel. Net als kikkers en padden kunnen ze daar wel wat hulp van vrijwilligers bij gebruiken: elk jaar worden alpenwatersalamanders massaal platgereden tijdens hun oversteek. Alert zijn is dus de boodschap!

26 OKTOBER

Voorspel het weer

Een van de mooiste souvenirs uit het bos is zonder twijfel een **dennenappel**. De opvallende vorm maakt van deze 'appel' een mooi decoratie-item in huis, maar wist je dat je ook het weer kunt voorspellen als je er eentje vindt? In dennenappels zitten zaden verstopt en die wil de 'appel' wat graag beschermen. Bij droog weer drogen de buitenste delen op, waardoor ze 'open' gaan staan. Voelt de dennenappel nattigheid, dan trekt het water in de schubben en sluiten ze zich om de zaden heen.

08 MAART

ONZE NATUUR

Natuurgebied van de maand: natuurreservaat de Westhoek

Op een boogscheut van de kust biedt dit oudste natuurreservaat van Vlaanderen een welkome afwisseling voor zee en strand. Tussen De Panne en de Franse grens kun je er urenlang wandelen in een even uitgestrekt als imposant duinlandschap. Met een beetje geluk kom je er ook enkele grote grazers tegen die het landschap mee in vorm houden: robuuste konikpaarden, harige hooglandrunderen en stoere ezels.

Dat grote delen van de duinen onbegroeid blijven, is niet ongewoon. Door de aanlandige wind wordt voortdurend nieuw zand aangevoerd, waardoor duinen een dynamisch karakter krijgen. Enkel gespecialiseerde planten krijgen er voet aan de grond en leggen zo de duinen 'vast'. Stel je gps in op de Schuilhavenlaan In De Panne om dit gebied te ontdekken.

25 OKTOBER

Lang leve klimop

Klimop kampt met een negatief imago, maar dat is nergens voor nodig als je weet welke enorme biodiversiteitsboost deze groenblijvende laatbloeier aan zijn omgeving uitdeelt. Laat op het jaar bloeien is ook meteen zijn eerste sterkte. Van september tot december – wanneer veel andere bloemen zijn uitgebloeid – opent de klimopplant pas zijn nectarbar, tot groot plezier van laatvliegende vlinders zoals de dagpauwoog, atalanta en gehakkelde aurelia. Ook andere insecten zijn in de vroege herfst niet weg te slaan van de klimop en zijn nectar.

De donkergroene klimplant is trouwens ook een echte vogelattractie. Na de bloei, eind februari, verschijnen er kleine, zwarte bessen aan de klimop: een feestmaal voor bessen etende vogels zoals lijsters, mussen, merels, houtduiven en spreeuwen. En ook niet-besseneters komen aan hun trekken. Vlak voor de winter schuilen allerlei insecten tussen de klimplant. Al die sluipwespen, spinnen, vlinders, wilde bijen, etc. zijn het perfecte eiwitrijke hapje voor trekvogels. Als allerlaatste troef gooit klimop zijn dichte bladerdek in de strijd. Vinden vogels er geen eten, dan vinden ze tussen de klimopplant een dankbare schuilplaats wanneer andere planten hun bladeren allang verloren hebben. Dan zeggen we nu allemaal in koor: 'Lang leve klimop!'

09 MAART

ONZE NATUUR

Bosanemonen bakken mierenbroodjes

De bosanemoon (*Anemone nemorosa*) is een typische voorjaarsbloeier die rond deze tijd witte, kleine bloemen krijgt. De dunne, ondergrondse wortels bedekken in sneltempo een groot deel van de bodem. Zo ontstaat her en der een prachtig, wit tapijt vol bosanemonen.

Dat bloemrijke tapijt hebben we ook te danken aan onze mieren. Zij helpen met de verspreiding van de zaden van bosanemonen in ruil voor een rijkgevuld broodbuffet. De zaden van bosanemonen bevatten een verdikking of mierenbroodje *(elaiosoom)*, dat vol voedzame koolhydraten zit. Het perfecte voedsel voor mieren en hun larven! Zij nemen de zaden mee naar hun nest en laten onderweg een deel van hun lading vallen. Het is dus niet zo gek als je even verderop, in bermen of weilanden, een wit tapijt van bosanemonen ziet opduiken.

24 OKTOBER

Zo lok je een eekhoorn

Bestaat er een schattigere tuinbewoner dan de **rode eekhoorn**? Wij vinden alvast van niet. Wil je vanachter je raam genieten van deze pluizige pluimstaartjes, volg dan deze tips.

- **Eekhoorns houden van bomen.** Ze springen graag van tak naar tak, bouwen er een nestje in of zoeken er naar lekkere insectjes. Heb je zelf geen boom in de tuin, maar staan er bij je buren aan weerszijden wel een paar mooie exemplaren? Dan kun je een 'eekhoornbruggetje' maken door een touw te spannen van de ene naar de andere boom.
- **Eekhoorns hebben meerdere nesten.** Eén nestje om in te slapen volstaat meestal niet, want ze houden van afwisseling. Hang dus zeker een eekhoornkast op in je achtertuin en zorg ervoor dat de opening niet naar het (zuid)westen wijst. Heb je zelf een kat of woon je in een buurt met veel katten? Zorg dan dat ze niet bij het eekhoornhuisje kunnen.
- **Eekhoorns zijn verzot op eten.** Een boom met tamme kastanjes, beukennootjes, eikels, hazel- of walnoten in je tuin verhoogt de kans op een roodbruine bezoeker dus aanzienlijk. Tijdens de winter kun je ze pinda's of fruit bijvoederen in een speciaal eekhoornvoederhuisje. Vergeet ook geen drinkwater aan te bieden!

10 MAART

Miauwende roofvogel

Op zonnige lentedagen kun je de **buizerd** scherp en hoog horen 'miauwen', alsof iemand op de staart van de buurkat heeft getrapt. Buizerds zijn echte opportunisten, die eten wat de natuur ze te bieden heeft. Daarvoor hebben ze verschillende jaagtechnieken ontwikkeld.

— Vanuit de lucht: vooral 's zomers cirkelt deze roofvogel op de thermiek boven open landschap. Ziet hij een mogelijk slachtoffer, dan gaat hij over tot 'bidden': met de kop onbeweeglijk focussend hangt hij stil in de lucht te flapperen. Wanneer hij helemaal zeker is van zijn stuk, laat hij zich op zijn prooi vallen.
— Vanaf een uitkijkpost: zittend op een verhoging in het landschap – een paaltje of een boom – heeft de buizerd een prima overzicht van de omgeving. Ziet hij een lekkere hap, dan zet hij een glijvlucht richting lunch in.
— Vanaf de grond: parmantig rondstappend plukt de buizerd onder andere regenwormen uit de grond.
— Passief: een 'luie' buizerd die langs snelwegen postvat, is op zoek naar aas. Zo spaart hij behoorlijk wat kostbare energie uit!

23 OKTOBER

De penis maakt de man

Insectenkenners zijn vaak ook echte piemelkenners. Aan de penis herkennen ze ondubbelzinnig met welke soort ze te maken hebben, want alleen die specifieke penis past in het vrouwtje van dezelfde soort.

Een bijzonder voorbeeld van zo'n uniek lid is te zien bij de **schorpioenvlieg**. Die ziet er vervaarlijk uit met zijn stekelige staart, maar schijn bedriegt. Het is geen 'angel', maar een penis!

11 MAART

ONZE NATUUR

Kweken als konijnen

Laten we even een boekje opendoen over het seksleven van het **Europees konijn**. Van monogamie hebben deze langoren duidelijk nog nooit gehoord… Voor partnerruil schrikken ze niet terug en paren doen ze het liefst het hele jaar door. En daar komen kindjes van! Het konijnenvrouwtje werpt maar liefst vier tot acht nestjes per jaar, van telkens drie tot twaalf jongen. Enkel in de herfst zet ze haar hormonen op een lager pitje, om even te recupereren van al dat gewip en te focussen op het moederen.

Vervolgens duurt het niet lang voor de volgende generatie konijnen aan gezinsuitbreiding begint te denken. Je knippert even met je ogen en plots zijn die blinde, hulpeloze schepseltjes veranderd in flinke pubers met een gezonde seksuele appetijt. In theorie zijn de vrouwtjes na drieënhalve maand en de mannetjes na vier maanden al klaar om hun eigen kroost voort te brengen. Zo huppelen er op korte tijd wel héél veel nieuwe konijntjes rond. Een slimme overlevingsstrategie, en die is nodig, want de konijnenpopulatie in België is de voorbije twintig jaar sterk afgenomen.

22 OKTOBER

ONZE NATUUR

Zo dronken als een lijster

In het najaar blaast het noorden grote groepen lijsters naar onze contreien om te overwinteren. De oranjegele en roodbruine tinten van kramsvogel en koperwiek brengen de juiste kleuren op exact het juiste moment: de herfst is in aantocht.

Deze 'treklijsters' vinden in hun Noord-Europese broedgebieden niet genoeg wormen en insecten, waardoor ze zich verplicht voelen om meer zuidelijke breedtegraden op te zoeken. Zo belanden ze hier bij ons, waar ze kunnen blijven of doortrekken.

Je kunt **kramsvogel** en koperwiek aantreffen in weilanden, boomgaarden, parken en tuinen, in groep zoekend naar afgevallen vruchten. Soms worden dronken lijsters gespot, omdat bessen tijdens het rottingsproces alcohol bevatten. Zeg dus niet 'zo dronken als een reiger', maar 'zo dronken als een lijster'!

12 MAART

ONZE NATUUR

Vandaag is rood

De **driedoornige stekelbaars** is een visje dat in grote aantallen aanwezig is in onze zoete én zoute wateren. Hij heeft graag de mogelijkheid om van de zee naar een rivier te trekken of omgekeerd, al zal hij dat niet per se altijd doen. Zolang hij maar een plantenrijke omgeving vindt, liefst met een dichte vegetatie en ondiep water, waar het mannetje zijn nestje kan bouwen en het vrouwtje haar eitjes kan leggen.

De kleur rood speelt een belangrijke rol in het leven van de driedoornige stekelbaars. In de paartijd krijgt het mannetje namelijk een vuurrode buik en keel, waaraan hij ook zijn rivalen herkent. Die felle kleur is een 'sleutelprikkel' die echt als een rode lap op een stier werkt! Vreemd genoeg is het niet de rode keel die het vrouwtje in zwijm doet vallen, maar wel de mooie, blauwgroene ogen van haar aanbidder.

21 OKTOBER

Op bezoek in de Westhoek

Ten zuiden van de Polders beland je in het unieke landschap van de Westhoek. Je passeert er langs historische dreven en kleine bossen, maar ook talrijke grachten, polderweilanden en poelen in de rijke boerennatuur van de IJzer- en Handzamevallei. Even verderop is het heerlijk wandelen door de zacht glooiende bossen van het Heuvelland. Ook bierliefhebbers komen aan hun trekken in de Westhoek. De streek rond Poperinge vormt in de zomer het decor van de hoppepluk. Hier kun je wereldvermaarde brouwerijen en biersoorten als trappist van Westvleteren ontdekken tussen de hoppevelden. Trek je richting Ieper, dan beland je letterlijk in Flanders Fields. De uitgestrekte velden rond de Menenpoort vormen een oorlogslandschap waar je restanten van kraters, loopgraven en mijnenschachten uit de Eerste Wereldoorlog tegemoet wandelt.

13 MAART

ONZE NATUUR

Bio-ingenieur

Regenwormen of **aardwormen** hebben een bijzonder belangrijke functie in onze bodem. Als rasechte ingenieurs leggen ze gigantische tunnelnetwerken aan, waar de natuur van profiteert. In één kubieke meter gezonde grond huizen gemiddeld honderd regenwormen, die zich uit de naad werken voor jou en je planten! Ze brengen meer lucht in de bodem, planten kunnen makkelijker wortelen en een bodem-met-wormen houdt water beter vast. Bovendien zijn het uitstekende bemesters. Elke dag eet een regenworm zijn eigen lichaamsgewicht aan dood plantaardig materiaal, waarna er langs de andere kant ongeveer evenveel voedzame mest weer uit komt.

20 OKTOBER

Achter de schermen: opstijgende kraanvogels

Cameraman Dick Harrewijn: 'We werden getipt dat 150.000 tot 200.000 kraanvogels vanuit Duitsland in de Hoge Venen zouden passeren en met een beetje geluk neerstrijken voor een overnachting. Wanneer ze vertrekken, is moeilijk te voorspellen: de temperatuur in Noord-Duitsland moet optimaal zijn, de wind moet uit de juiste richting waaien en als er mist hangt, vertrekken ze te laat op de dag... Bij het minste zuchtje westenwind worden ze opzij gedreven en vliegen ze niet over België. Na drie dagen wachten was het eindelijk zover. Ik trok – met uitzonderlijke toestemming – in het donker door de Venen naar de plek waar ze vermoedelijk geland waren voor de nacht.

Bij het ochtendgloren was het muisstil. Ik dacht dat ik op de verkeerde plek zat, maar toen het lichter werd, hoorde ik piepjes. Ik herkende die vogelgeluiden niet, maar het waren de jonge kraanvogels, die als eerste geluid maakten. Binnen twee minuten werd het een kakofonie met het getrompetter van duizenden kraanvogels, en ik zat er middenin. Een voor een stegen ze op, tot de hele groep in beweging kwam en de lucht vulde met ontelbaar veel kraanvogels. Van de meest overweldigende stilte tot het meest oorverdovende kabaal dat ik ooit gehoord heb!'

14 MAART

ONZE NATUUR

Spot de baltsende kievit

Op dit moment vindt in het boerenlandschap een parmantig paringsritueel plaats. Je kunt er niet naast kijken: de kievit – van ver lijkt hij zwart-wit – vliegt nu eens laag over de grond, dan weer recht omhoog om daarna buitelend naar beneden te tuimelen. Om de paar vleugelslagen draait het mannetje links of rechts om zijn as, zijn witte buik tonend aan ieder (vrouwtje) die (dat) het zien wil.

Dat alles gaat gepaard met schelle zang-kunsten, waarin je met een klein beetje verbeelding 'kieVIET - kieVIET' hoort. Tussen de lokroepen door hoor je het brommende gezoem van de kievitvleugels, wat nog wat extra cachet geeft aan deze bijzondere ervaring. Ook na de balts laat de kievit zich opmerken, want al wie zich te dicht bij zijn nest begeeft, wordt hardnekkig verjaagd.

19 OKTOBER

ONZE NATUUR

Snelgroeiende snavel

De snavel van de **scholekster** krijgt heel wat te verduren. Dag in, dag uit boort de kustvogel met zijn bek in de grond, op zoek naar allerlei bodemdiertjes. Wanneer de scholekster op een schelp stoot, wrikt hij die met veel kracht open om vervolgens de sluitspier van het weekdier door te knippen. Aan tafel! Van al dat harde werk ziet zo'n snavel enorm veel af. Gelukkig groeit hij ook, met een snelheid van maar liefst 1,4 millimeter per dag. Om je een idee te geven: over die lengte doen onze haren gemiddeld een maand en onze nagels veertien dagen!

15 MAART

ONZE NATUUR

START VAN HET BROEDSEIZOEN

Broedseizoen officieel geopend

Vandaag begint het broedseizoen en dat heeft onvermijdelijk implicaties voor het menselijke reilen en zeilen in onze natuur. Zo is het de komende maanden van levensbelang dat elke bezoeker aan een bos of natuurgebied netjes op de paden blijft. En dat geldt ook voor onze trouwe viervoeters!

Houd je hond dus zeker goed aan de leiband en laat hem niet zomaar in het wilde weg rondsnuffelen. Sommige vogels maken hun nesten namelijk op de grond en zijn dus extra vatbaar voor verstoring. Voor je het weet, duwt je hond zijn snuit binnen in de kraamkamer van een jong ouderpaar, dat vervolgens op de vlucht slaat en zijn kroost alleen achterlaat.
De nieuwsgierigheid van je hond kan dus fatale gevolgen hebben voor het nieuwe leven in zo'n nest.

Maar wie de rust respecteert, kan nog steeds met volle teugen genieten van onze natuurgebieden. Kwetsbare delen worden als dat nodig is tijdelijk afgesloten, maar door zo'n gedwongen omweg kun je dan weer interessante, alternatieve routes ontdekken. En wanneer de zomer op volle toeren draait, kun je weer op pad om al dat kakelverse leven te bewonderen!

18 OKTOBER

ONZE NATUUR

Wedstrijdje verspringen tegen dieren

De natuur daagt je uit om zo ver mogelijk te springen! Spring je verder dan een sprinkhaan (1,2 meter)? Kun je ook de wolf (5 meter) verslaan? Ga de tuin of het park in en neem de volgende spullen mee: enkele bordjes om op te schrijven, een viltstift en een meetlint. Schrijf op elk bordje de naam van een van de dieren uit de onderstaande lijst of maak een mooie tekening. Leg het startlint klaar en plaats de bordjes op de juiste afstand van het startlint. Kies een plek met zand of gras voor een zachte landing en springen maar!

Hoe ver springen onze dieren?

- vlo: 30 cm
- sprinkhaan: 1,2 m
- boomkikker: 2,5 m
- vos: 3 m
- eekhoorn: 4 m
- konijn: 4,5 m
- wolf: 5 m
- ree: 7 m

16 MAART

ONZE NATUUR

Achter de schermen: in vuur en vlam

Camera-assistent Mees Swinkels: 'Als assistent was het mijn taak om te allen tijde bij Pim in de buurt te blijven, zodat ik hem onmiddellijk kon helpen wanneer dat nodig was. Tijdens het filmen van een gecontroleerde brand op de Mechelse heide was dat niet altijd even makkelijk... Pim wilde het koste wat het kost de beste shots maken, wat betekende dat we zo dicht mogelijk bij het vuur moesten staan.

Zodra het vuur aangestoken was, verspreidden de vlammen zich als een lopend vuurtje over de heide. Ik holde voortdurend achter Pim aan. Stoer als ik ben wilde ik niets laten merken van het feit dat ik – een zwakke astmapatiënt – het totaal niet uithield in die hitte en dat dikke rookgordijn... Gelukkig vonden de opnames plaats midden in de corona-crisis en had ik dus zoals steeds een mondmasker op zak. Met dat masker kon ik mijn hachje én mijn reputatie redden!'

17 OKTOBER

Kijkdag bij de veldmuis

Veldmuizen zijn professionele bouwaannemers. Het is alleen jammer dat ze onder de grond leven, waar je hun magnifieke bouwsels niet zomaar kunt bewonderen. De uitgang van het nest kun je bovengronds enkel herkennen aan de stortbergjes of hoopjes grond die ze naar buiten dragen tijdens het graven van hun gangen en kamers. Naar de binnenkant van het nest heb je het raden... Maar we lichten graag een tipje van de sluier.

De indeling van het veldmuizenhuis zit heel vernuftig in elkaar en bestaat uit twee soorten gangenstelsels. Enerzijds heb je de nestkamers, bestaande uit een ruim zomernest dat maximaal een halve meter onder de grond ligt en bekleed is met mos, gras en bladeren, en een groter winternest dat een stuk dieper gelegen is. Anderzijds legt de veldmuis ook voorraadkamers aan en graaft hij vluchtgangen, die bovengronds onzichtbaar met elkaar verbonden zijn en op drukke momenten wel kleine loopgraven lijken. Wat een bedrijvigheid! Niet zo gek als je weet dat er in piekjaren wel 1400 veldmuizen per hectare leven.

17 MAART

Onze Natuur

Achter de schermen: *Onze natuur* in harde cijfers

Wist je dat...

— cameramannen Pim en Dick in totaal 960 draaidagen op hun teller hebben staan voor *Onze Natuur*?
— we in totaal afklokken op meer dan 1450 draaidagen? Dat is inclusief dronebeelden, onderwatershots en studiobeelden;
— het docu-team 56.000 WhatsApp-berichten met elkaar deelde gedurende de draaiperiode?
— het *Onze Natuur*-team 183.500 kilometer heeft gereden om alle beelden voor de docu te maken? Dat is meer dan 4,5 keer de aardbol rond!
— er meer dan 824 uur (of 330 terabyte) aan beeldmateriaal gemaakt werd?
— slechts 0,75% van al die beelden de documentaire gehaald heeft?

16 OKTOBER

ONZE NATUUR

Echte tonderzwam geeft een vuurtje

Op oude, verzwakte berken en beuken kun je het koepelvormige, gestreepte lichaam van de **echte tonderzwam** (*Fomes fomentarius*) zien hangen. Heel wat zeldzame kevers en sluipwespen leggen hun eitjes in wat we ook wel de 'tonder-gaatjeszwam' noemen. Deze uit de kluiten gewassen schimmel – hij kan tot 1 meter groot en 15 kilo zwaar worden! – is niet eetbaar.

Hij maakt zich wel al jarenlang op een andere manier nuttig voor de mens. De zachte inhoud van de tonderzwam is namelijk licht ontvlambaar. Onze voorouders ontdekten al snel dat de fijngestampte, kurkachtige massa het perfecte ontvlambare materiaal (tondel) was om een vuurtje te maken. Zelfs Ötzi, de meer dan vijfduizend jaar oude ijsman die in 1991 in een Oostenrijkse gletsjer werd teruggevonden, had al een tonderzwam op zak. Tot in de 18de eeuw werd tonderzwamextract nog gebruikt, onder andere in de allereerste aanstekers.

18 MAART

ONZE NATUUR

Zeldzame schone

Een **muurbloempje** mag bij ons dan wel symbool staan voor een verlegen persoon, in de Romeinse tijd stond dit kruidachtige plantje wel vaak in de belangstelling. Het muurbloempje werd veel gebruikt bij speciale gelegenheden om bijvoorbeeld een altaar te versieren. Daar hebben de mooie (oranje)gele bloemen en hun lekkere geur vast iets mee te maken. Hier bij ons groeien muurbloempjes – hoe kan het ook anders – op muren van oude gebouwen, kerken en kastelen, stadsomwallingen en kerkhoven. In België is het muurbloempje eerder zeldzaam. Je vindt de soort nog op oude muren in het Maasdal, in Tongeren en op de steenbergen van Limburg, waar ze op hopen mijnsteen groeien.

15 OKTOBER

Verboden kikkerbillen

Ooit bestond er een tijd dat kikkerbilletjes als delicatesse op de menukaart van tal van sterrenzaken prijkten. In ons land is het tegenwoordig even zoeken naar een etablissement waar je deze ooit zo typisch Belgische lekkernij nog kunt bestellen. De **bastaardkikker** – een hybride kruising tussen de kleinere poelkikker en de invasieve meerkikker met het perfecte formaat van achterpoten – is tegenwoordig immers een beschermde soort.

Vandaag de dag is het verboden om de bastaardkikker opzettelijk te vangen of te doden, dus mag je zijn billen niet langer in de pan gooien. En maar goed ook... Voor die culinaire doeleinden werden de achterpoten van deze onfortuinlijke kikkers doorgaans levend en onverdoofd afgesneden of afgeknipt, waarna de diertjes een langzame en pijnlijke dood stierven.

19 MAART

ONZE NATUUR

Vogeldialecten

Over de zang van de **geelgors** valt heel wat te vertellen. Zo zou zijn *'ti-ti-ti-ti-ti-TUUUU'* als inspiratie gediend hebben voor Beethoven toen hij zijn *Vijfde symfonie* neerpende. Ook heel bijzonder is dat de plaatselijke dialecten van dit gele vogeltje uitgebreid bestudeerd zijn. Dat is vooral te danken aan zijn lange broed- én zing-seizoen. Wetenschappers die opnames van over hun hele verspreidingsgebied verza-melden, ontdekten dat het lied van de geel-gors van vader op zoon wordt doorgegeven. Daardoor ontstonden er in de loop der tijd kleine regionale verschillen, vooral in de laatste 'TUUUU'. Ook de vrouwtjes hebben goed opgelet in het nest, want zij verkiezen een partner met hetzelfde dialect als hun eigen pa – hoewel ze alle geelgorsliederen ter wereld herkennen als soorteigen.

14 OKTOBER

ONZE NATUUR

De heerlijke geur van rottend vlees

De **gewone doodgraver** gebruikt zijn knotsvormige antennes om dierenlijken op te sporen. De geurstoffen die vrijkomen, verklappen in welke staat van ontbinding zijn vondst is: kersvers, net goed of al te rot. Meestal zijn er meerdere kapers op de kust, maar slechts één koppel doodgravers krijgt de eer de uitvaart te regelen.

Het paartje werkt alle grond rond het kadaver weg, zodat het stoffelijk overschot bedolven raakt onder aarde. Ze hebben grootse plannen met het dode lichaam: het wordt de kraamkamer voor hun toekomstige kroost. Eerst verwijderen ze haren en veren, waarna ze het geheel insmeren met een zelfgemaakte bewaarvloeistof.

De paring vindt plaats onder de grond en het vrouwtje neemt haar intrek in het lijk. Daar legt ze haar eieren, waar al na een paar dagen larven uit komen. Ze lokt haar kroost uit hun stinkende nest met het zacht tjirpen van haar dekschild. Gedurende een dag of vijf worden de kinderen gevoederd met stukjes lijk en voorgekauwde maden, waarna ze verpoppen tot een adult. Zo leveren doodgravers een belangrijke bijdrage aan de kringloop van het leven.

20 MAART

Een tijger in bed

Deze prachtige naaktslak houdt er een apart seksleven op na. En dat zeggen we niet alleen omdat elke **tijgerslak** zowel man als vrouw is. Als voorspel besnuffelen en proeven de hermafrodieten elkaars slijm. Aan een stugge slijmdraad laten ze zich naar beneden zakken aan een overhangende tak. Sensueel verstrengelen hun lichamen zich om elkaar, terwijl achter hun hoofd een 5 centimeter lange penis verschijnt. Ook de piemels wentelen zich om elkaar heen, terwijl ze pakketjes met sperma uitwisselen. Zoals het een echte 'tijger in bed' betaamt, houden ze dit standje urenlang vol.

13 OKTOBER

Herbarium van herfstbladeren

De herfst is hét moment om bladeren in allerlei vormen en kleuren te verzamelen. Hoe zorg je voor een geslaagd herbarium of plantenboek? Kies een zonnige dag uit, neem alleen vers gevallen bladeren mee en droog ze thuis tussen een dik boek of maak met karton en papier je eigen droogpers. Gebruik een pincet om de gedroogde bladeren voorzichtig uit de pers of het boek te halen en kleef ze met een kleine druppel lijm op een mooi vel papier of in een fotoboek. Noteer bij elk blad de naam van de soort, de vindplaats en datum. Zo kun je later aanvullingen doen, bijvoorbeeld met bloemen die je in de lente vindt.

21 MAART

ONZE NATUUR

START LENTE

Lentevuurspin laat zich zien

Ben je bang van spinnen? Dit zeldzame exemplaar kan je misschien van je arachnofobie afhelpen. Met zijn fluwelige, oranje-rode vachtje met zwarte stippen ziet het mannetje van de lentevuurspin er eigenlijk best schattig uit. Wil je er eentje in levenden lijve zien, dan moet je naar Lommel afzakken – de enige plek in België waar dit bedreigde spinnetje voet aan wal heeft gezet.

Nu de lente begonnen is, heb je kans om de mannetjes uit hun hol te zien kruipen, op zoek naar vrouwtjes om mee te paren. Geen gemakkelijke taak, want de dames brengen hun hele leven ondergronds door. Om de vrouwelijke feromonen op te vangen steken de heren hun gestrekte voorpoten in de lucht en zwaaien ze heen en weer, *like they just don't care*.

Zodra de eitjes zijn uitgekomen, trekken de jonge spinnen de wijde wereld in. Van je eigen moeder kreeg je misschien een flink pak boterhammen met ei mee voor je eerste grote uitstap, maar bij de lentevuurspin gaat het er een tikkeltje gruwelijker aan toe: zij laat zichzelf opeten door haar kinderen voor de nodige reiscalorieën.

12 OKTOBER

Achter de schermen: oog in oog met de vuursalamander

Cameraman Dick Harrewijn: 'De eerste keer dat je een vuursalamander ziet, geloof je je ogen niet... Bestaat dit beest echt? Het lijkt wel een diertje uit een speelgoedwinkel. Ze zien er ook best exotisch uit: sommige zijn felgeel met wat zwarte vlekjes, andere zijn helemaal zwart met een paar gele stippen. Ook zijn formaat valt op, want hij is veel groter dan elke andere salamander, bijna zo groot als je hand!

Dit was een heel moeilijke scène. Niet alleen omdat alles 's nachts gefilmd moest worden, maar ook omdat het lastig te voorspellen was wanneer we het bos in moesten trekken. In Duitsland is er veel onderzoek naar gedaan, maar daar heerst een ander, inlands klimaat, dus voor België klopten die bevindingen helemaal niet. Bij ons gebeurt de paring eigenlijk het hele jaar door, wat het extra moeilijk maakt om te bepalen wanneer je moet gaan filmen. Gelukkig hadden we die avond geluk en konden we toen al een paar heel mooie beelden maken. Maar met het absolute hoogtepunt – het afzetten van de larven – is Pim later nog avonden aan een stuk bezig geweest!'

22 MAART

ONZE NATUUR

WERELD WATER DAG

Sponzen van onze natuur

Wetlands zijn drassige gebieden, die een unieke biotoop voor heel wat zeldzame planten en dieren vormen. Omdat de bomen en planten er bijna het hele jaar rond met hun voeten in het water staan, zijn ze voor een heleboel vissen, amfibieën en insecten de ideale plek om te schuilen en te broeden. Ook water- en weidevogels vertoeven er graag.

Wist je dat de laatste vijftig jaar maar liefst 180.000 hectare moerasnatuur verdween in Vlaanderen, ten voordele van de landbouw en de industrie? En dat is een probleem, want bij overstromingen – en die krijgen we 'dankzij' de klimaatverandering meer en meer in onze streken – hebben we zo'n natuurlijke waterbuffer hard nodig.

Wetlands zoals graslanden, venen, moerassen en oevers kunnen een enorme hoeveelheid water opvangen en heel langzaam in de grond laten sijpelen, zodat omliggende dorpskernen gespaard blijven van wateroverlast. Tijdens een zondvloed, waarbij op korte tijd heel veel regen valt op een beperkte oppervlakte, maakt dat het verschil tussen een pittige bui en een regelrechte natuurramp.

11 OKTOBER

ONZE NATUUR

Wat als het vuur dooft?

Een regenachtige herfstnacht is voor veel mensen niet meteen het ideale moment om hun wandelschoenen aan te trekken en door een oud bos te gaan dwalen. Maar als je in je leven ooit eens oog in oog wilt staan met de uiterst zeldzame **vuursalamander**, dan is dat precies wat je moet doen! Voor deze prachtige, zwart-geelgekleurde salamander is een frisse regenbui hét moment om uit zijn schuilplaats tevoorschijn te kruipen en een vrouwtje te zoeken om nageslacht mee te verwekken.

Laten we een kat een kat noemen: het gaat niet goed met de vuursalamander. Schimmels en virussen, aanhoudende droogte, te hoge stikstofconcentraties, habitatverlies door bomenkap... Dit kwetsbare diertje krijgt te maken met bovenmatig veel bedreigingen die zijn voortbestaan in het gedrang brengen. Gelukkig zijn er nog een paar plekjes in de Ardennen waar de soort – voorlopig toch – goed standhoudt.

23 MAART

ONZE NATUUR

Muzikaal kruid

Een van de eerste soorten die in het voorjaar graslanden en bermen kleur geven, is **fluitenkruid**. De kleine witte bloemetjes groeien in parapluvormige schermen op een holle stengel. Deze voorjaarsbloeier heeft zijn naam trouwens niet gestolen. Met fluitenkruid kun je een geweldig blaasinstrument maken. Benieuwd hoe je te werk gaat?

Neem je zakmes mee op pad en ga op zoek naar fluitenkruid in de berm of op het veld. Snijd vlak onder de plaats waar een blad groeit een stuk van de holle steel. Je hebt nu een buisje dat aan de ene kant open en aan de andere kant gesloten is. Maak vanaf de dichte onderkant een insnijding (in de lengte) van ongeveer 10 cm. Blaas tot slot met al je kracht door de holle stengel en het concert kan beginnen. Wist je trouwens dat elke fluitenkruidfluit anders zal klinken? Dat komt omdat elke steel een andere dikte heeft. Dus waarom beginnen jullie niet ineens een fluitenkruidorkest?

10 OKTOBER

In de voetsporen van de grote weegbree

Waar je ook staat of gaat, de kans is groot dat er grote weegbree groeit. De brede bladeren van dit 'onkruid' groeien onverstoorbaar in gazons, langs stoepranden of zelfs midden op het wandelpad. Schoenzolen deren deze plant niet. Meer zelfs: het is net een voordeel voor de grote weegbree wanneer een plek veel betreden wordt, omdat andere planten daar minder goed mee om kunnen. De grote weegbree heeft dan ook stevige, brede bladeren met vaatbundels. Als je een stengel kapottrekt, zie je de vaatbundels er als slappe spaghettislierten uit bungelen. Het blad van de grote weegbree is bovendien een geschikt middeltje tegen jeuk, handig wanneer je iets te enthousiast in een veld vol brandnetels bent gelopen.

24 MAART

Ongedierte op het menu

De **bunzing** is – net als zijn neef de boommarter – zo'n pechvogel die onterecht wordt bestempeld als een vervelende bezorger van overlast. Vermoedelijk omdat iemand hem ooit eens in een kippenhok zag binnenglippen, om vervolgens met een eitje of een mals kuikentje weer weg te vluchten. Zo'n inbraak kun je echter makkelijk voorkomen door je kippenhok goed af te sluiten en te beveiligen tegen indringers. *Case closed.*

Trouwens, als hij kan kiezen uit een uitgebreide menukaart, dan zet de bunzing ook graag zijn tanden in ander 'ongedierte' dat wij liever kwijt dan rijk zijn. Zo is hij vrijwel het enige roofdier dat zichzelf graag trakteert op een portie muskusrat. Dit knaagdier staat erom bekend holen te graven in de oevers van rivieren of in dijken, waar hij best wat schade mee aanricht. Opgeruimd staat netjes, dus!
En ook ratten en muizen, die voor een échte plaag kunnen zorgen in en rond onze huizen, werkt de bunzing met smaak naar binnen. Door zijn neiging om de zwakkere dieren eruit te pikken helpt hij zelfs mee het myxomatosevirus onder wilde konijnen in te dijken. Een nuttig beestje dus, deze 'bandiet' onder de marterachtigen!

09 OKTOBER

Wat heb jij grote ogen!

Ongeveer 5% van het lichaamsgewicht van een **ransuil** heeft hij te danken aan zijn ogen. Zouden mensen verhoudingsgewijs even grote ogen hebben, dan liepen we rond met sinaasappels in onze oogkassen. ‘Langwerpige sinaasappels’ zou een betere omschrijving zijn, want de ogen van een uil zijn niet rond maar ‘buisvormig’. De oogbuis wordt stevig op zijn plaats gehouden in langwerpige oogkassen. Met de ogen rollen zit er dus niet in voor deze ransuil, hij moet zijn hele kop bewegen om van gezichtsveld te veranderen! Gelukkig heeft hij ook veertien nekwervels – twee keer zoveel als de mens. Daarmee kan hij Chucky-gewijs zijn hoofd drie kwartslagen naar links en rechts roteren zonder de rest van zijn lichaam te bewegen. Creepy!

25 MAART

ONZE NATUUR

Het rood peperboompje is selectief giftig

Het rood peperboompje is een van onze giftigste planten. Het gif is het sterkst geconcentreerd in de bessen, die in de zomer verschijnen, en in de schors. De irriterende stof *mezereïne* zorgt voor blaren, maar daar hebben bestuivers geen last van. Zij slurpen lustig de nectar die verscholen zit in de bekervormige bloemen. Insecten zoals bijen, vliegen en vlinders hebben namelijk geen last van het gif. Zij zijn de belangrijkste bestuivers van het rood peperboompje. Tijdens het opzuigen van hun energiedrankje blijft er stuifmeel achter op hun snuit, dat ze meenemen naar de volgende bloem. Vogels zouden trouwens ook immuun zijn voor het gif, gelukkig maar voor de plant. Besseneters zorgen zo voor de verspreiding van dit opmerkelijke ‘boompje’.

08 OKTOBER

De rodekoolzwam beukt erop los

Beuken, ook wel de kathedralen van het bos genoemd, krijgen hulp van een onopvallende bosgast om uit te groeien tot de reuzen die ze zijn. De rodekoolzwam of amethistzwam (*Laccaria amethystina*) leeft namelijk in symbiose met de beuk. Deze fopzwam groeit op de wortels van de jonge bomen en geeft belangrijke voedingsstoffen door van de moederbeuk naar de jonge scheuten. Daarnaast beschermt de rodekoolzwam de groeiende boompjes ook tegen parasieten. Een samenwerkende vennootschap!

26 MAART

De regel van drie

De **zanglijster** doet zijn naam alle eer aan: vanaf een huizenhoog podium – een schoorsteen, een boomtop, een lantaarnpaal – jubelt hij erop los met zijn kenmerkende lied. Daar begint hij vaak al in de winter mee, maar vanaf maart klinkt zijn territoriumdrang het luidst. Hij kiest uit een groot repertoire aan korte deuntjes, maar herhaalt elke melodie doorgaans driemaal na elkaar. Zijn stem klinkt helder, klaterend, fluitend, betoverend… Geen wonder dat veel mensen het lijsterlied als mooiste natuurgeluid bestempelen.

07 OKTOBER

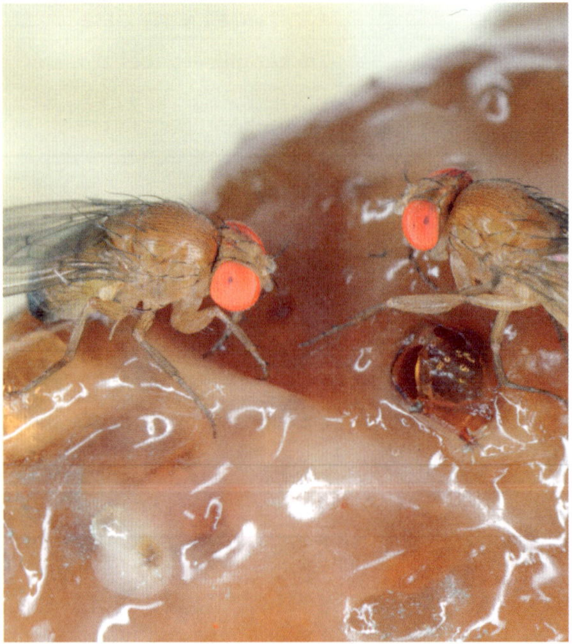

Van lastpak tot Nobelprijs

Fruitvliegen hebben geen al te beste naam, maar in feite doen ze gewoon waar ze goed in zijn: rot fruit opruimen, een belangrijke taak in natuurlijke ecosystemen. Ze ontwikkelen zich zelden tot een echte 'plaag', toch stuiten ze vaak op veel weerstand bij de mens.

Maar wist je dat we ook heel wat te danken hebben aan deze piepkleine insecten? In het wetenschappelijk onderzoek vormen ze een ideaal modelorganisme: fruitvliegjes nemen niet veel plaats in, kweken als konijnen, zijn snel volwassen en makkelijk in onderhoud. Een overzicht van hun indrukwekkende prestaties:

— De allereerste levende organismen in de ruimte... waren fruitvliegen!
— Ondertussen zijn er al meer fruitvliegen buiten onze dampkring geweest dan mensen.
— Onderzoek naar erfelijkheid kwam in een stroomversnelling door kruisingsproeven met fruitvliegen.
— Minstens vijf onderzoeken die een Nobelprijs hebben opgeleverd, baseerden hun bevindingen op experimenten met fruitvliegjes. En hoeveel Nobelprijzen heb jij al op de schouw staan?

27 MAART

Schuwe bomen

Bossen zijn onmisbaar voor onze Belgische natuur. Ontelbare dieren vinden er voedsel, een schuilplaats of een partner in de waanzinnige diversiteit aan jonge planten en eeuwenoude bomen. Onder het bladerdek van die bomen kun je getuige zijn van een prachtig natuurfenomeen. Kroonschuwheid houdt onderzoekers overal ter wereld al decennialang bezig. *Crown shyness* is een fenomeen waarbij het gebladerte van de bomen lijkt te stoppen met groeien wanneer het in aanraking dreigt te komen met de bladeren van een andere boom.

Over de oorzaak ervan raken wetenschappers het niet eens. Wat wel vaststaat, is dat er een prachtig lijnenspel in het bladerdek ontstaat waar, tenminste op een zonnige dag, het licht op magische wijze doorheen valt. Kroonschuwheid komt niet bij alle bomen voor. Het doet zich vooral voor bij heel hoge bomen. In België zie je het terug bij steeneiken, een soort die ook talrijk aanwezig is in het Middellandse Zeegebied.

06 OKTOBER

Wist je dat een beverstaart...

— **ongeveer 30 cm lang is?** De **bever** gebruikt hem als roer bij het zwemmen, wat vooral van pas komt wanneer hij logge boomstammen moet manoeuvreren.

— **uit harde botten én kraakbeen bestaat?** In de kern zit een reeks wervels die steeds kleiner worden, net als bij ieder ander zoogdier. Voor de rest is de platte staart vooral gevuld met kraakbeen en vet.

— **er schubachtig uitziet, hoewel de schubben in niets lijken op die van een vis of reptiel?** Beverschubben bestaan alleen uit een patroon in de opperhuid, terwijl visschubben aparte, elkaar overlappende entiteiten zijn.

— **lichtjes behaard is?** Dat kun je niet zien, maar alleen voelen wanneer je tegen de schubrichting in over zijn huid wrijft.

— **gebruikt wordt om alarm te slaan?** Door er hard mee op het wateroppervlak te pletsen weet meteen de hele beverburcht dat er gevaar dreigt.

— **flink in de weg zit tijdens de voortplanting?** Daarom doen bevers het niet op zijn hondjes. Hoe dan wel? Het mannetje klampt zich ietwat onbehouwen vast aan de zijkant van het vrouwtje, terwijl hij zijn cloaca richting vrouwtjescloaca positioneert. Dat lees je goed: bevers hebben een cloaca en geen penis-die-in-een-vagina-past.

Achter de schermen: oorverdovend boomkikkerconcert

Cameraman Dick Harrewijn: 'Toen we tijdens de eerste lockdown in 2020 een paar nachten in de buurt van Zonhoven

kampeerden, heb ik me het meest in de wildernis gevoeld. We hadden speciale toestemming gekregen om eropuit te trekken voor opnames en waren op een privéterrein bezig een scène met ijsvogels en stekelbaarsjes te filmen. Je voelde echt dat de lente in de lucht hing: elke ochtend werden we gewekt door opgewekt vogelgefluit.

Maar wat mij pas écht een wildernisеrvaring bracht, waren de concerten die we 's nachts te horen kregen. We zaten midden in de biotoop van een van de grootste populaties boomkikkers van België, die op dat moment volop het water opzochten. Het was alsof er een daverende trein voorbijreed, zo luid kwaakten ze 's nachts! In combinatie met de andere geluiden van de nacht, zoals de bosuilen, de houtsnippen en een zingende merel die nog even van zich liet horen, leverde dat een prachtige wildernis-soundtrack op. De eerste nacht lagen we er wakker van, maar na een tijdje sliepen we er gewoon doorheen.'

05 OKTOBER

Natuurgebied van de maand: les Marais d'Harchies

Een echt walhalla voor vogelspotters bevindt zich ten westen van Mons in de provincie Henegouwen, tegen de Franse grens. In dit grootste moerasgebied van Wallonië kun je rustig rond grote waterplassen wandelen of je met je verrekijker terugtrekken in een van de vele vogelkijkhutten. Meer dan de helft van alle vogelsoorten uit België zou hier jaarlijks neerstrijken. Indrukwekkend!

De natuur heeft hier niet altijd vrij spel gehad. Het waterrijke gebied ontstond als onrechtstreeks gevolg van de intensieve mijnbouw in de streek. In de 19de en 20ste eeuw maakten bodemverzakkingen het gebied alsmaar aantrekkelijker voor water, dat geen natuurlijke uitweg meer vond. De natuur paste zich aan en ontwikkelde zich tot een ware hotspot voor overwinterende watervogels van divers pluimage. Parkeren kan aan het bezoekerscentrum CRIE d'Harchies, Chemin des Préaux 5, 7321 Harchies.

29 MAART

ONZE NATUUR

Walk on water

Gelukkig is de **schaatsenrijder** klein en licht en weet hij hoe nanotechnologie werkt, want hoe zou hij anders zo fluks over het wateroppervlak kunnen lopen?

Schaatsenrijderpootjes staan vol met kleine haartjes, die op hun beurt voorzien zijn van nog veel kleinere groefjes. Die groefjes zijn zo piep- en piepklein, dat zelfs water er niet in raakt. Het resultaat zijn miljarden minuscule luchtkussentjes die zich tussen water en poot verschansen en de schaatsenrijder naar boven tillen. Droge poten gegarandeerd!

04 OKTOBER

WERELD DIERENDAG

In de bres voor wilde dieren

Wil je eens een extra handje helpen voor onze lokale fauna? Dan kun je als vrijwilliger aansluiten bij het Wildlife Taxi Team. Aangereden door een auto, te pletter gevlogen tegen een raam of aangevallen door een roofdier: elke dag vindt er wel iemand een wild dier in nood. Als een echte taxichauffeur pik je deze gewonde dieren bij de vinder op en breng je ze als de wiedeweerga naar een opvangcentrum in de buurt, waar ze zo snel mogelijk de nodige zorgen krijgen.

Als je weet dat er jaarlijks zo'n 30.000 wilde dieren worden binnengebracht bij de Vlaamse opvangcentra, dan weet je meteen ook dat jouw vrijwillige hulp heel welkom is. Dus ben je niet bang om dieren op te pakken en heb je een auto, een mobiele telefoon en enkele vrije uurtjes per week ter beschikking? Bij Vogelbescherming Vlaanderen staan ze te popelen om jou op te nemen in het Wildlife Taxi Team!

30 MAART

Achter de schermen: het Bambi-gevoel

Camera-assistent Jeffrey van Houten: 'Cameraman Dick en ik waren in de Voerstreek om dassen te filmen. Omdat daar ook veel ander wild zit, kregen we het idee om in een appelboomgaard post te vatten om te kijken wat er allemaal voor onze lens zou passeren. Dick ging tussen de hoogstammen zitten, zelf reed ik met de auto naar een laagstamboomgaard. Het gekke is: al die wilde dieren houden niet zo van mensen, maar auto's horen voor ze gewoon bij het landschap.

Dus begon ik rondjes te rijden tussen de bomenrijen, mijn ogen gericht op het hoge gras. Na een tijdje spotte ik eindelijk waar ik al die tijd stiekem naar op zoek was: een bruin ruggetje met witte stippen. Dat kleine reekits – een jong **ree** – leverde enkele leuke shots op, maar ik hoopte op meer. 's Avonds keerde ik terug naar die locatie en mijn geduld werd beloond. Plots gaat dat kleine ding op zijn lange stelten staan, een beetje stuntelig maar o zo schattig, en loopt traag maar beslist op zijn moeder af, die tussen de bomen verschijnt. Met een prachtig shot waarin ze elkaar neus aan neus besnuffelen, heb ik een live Bambi-moment kunnen vastleggen.'

03 OKTOBER

ONZE NATUUR

Heroïsche terugkeer

Wist je dat de **Atlantische zalm** in 1935 helemaal uitgestorven was in ons land? Tot eind 19de eeuw was deze vis evenwel erg aanwezig in onze rivieren, maar met de toenemende industrialisering, het verslechteren van de waterkwaliteit, de aanleg van stuwdammen en de overbevissing in de buurt van Luik legde hij al snel het loodje. Pas in 1983 kwam er beterschap: de universiteiten van Namen en Luik sloegen samen met de Waalse overheid de handen in elkaar voor het project 'Meuse Saumon 2000', om onze rivieren weer schoon en veilig te maken voor de terugkeer van de zalm.

Dammen zijn in feite grote moordmachines voor zalmen, dus die werden het eerst aangepakt. En dankzij de aanleg van talrijke vistrappen worden de zalmen ook niet langer gehinderd op hun migratietraject. Viskwekerijen doen er ten slotte alles aan om onze Belgische rivieren opnieuw te bevolken met kleine zalmen. Het resultaat? Alles wijst erop dat de Atlantische zalm langzaam maar zeker zijn stekje terugvindt in ons landje. Een belangrijke stap in het herstel en de bescherming van de biodiversiteit van onze beken en rivieren!

31 MAART

The Voice Birds

Het prachtige **leeuwerik**enlied laat geen coach onberoerd. Minutenlang (het record ligt op 56 minuten) zingt hij al fluitend de sterren van de hemel. Wil je hem spotten? Luister dan op een zonnige voorjaardag naar zijn lied en richt je blik naar boven. Soms treedt hij op vanaf een uitkijkpost, maar meestal doet hij zijn ding al vliegend. Om de vrouwtjes extra te imponeren klimt hij daarbij steeds hoger in de lucht, tot hij nog maar een stipje groot is. Op een hoogte van 50 tot 150 meter blijft hij in opperste concentratie stil hangen om het beste van zichzelf te geven. Wanneer hij uitgezongen is, daalt hij bij de laatste noten af om naast zijn favoriete groupie te landen.

02 OKTOBER

Houdt de aalscholver van dode takken?

Hoe zit het eigenlijk met dat iconische beeld van een groep aalscholvers in de mist, de vleugels gespreid op een dode tak – of zelfs een volledige boom? Zit de aalscholver liever niet tussen de bladeren en kiest hij weloverwogen voor een opvallende plek, of is hier iets anders aan de hand?

Een feit is dat aalscholvermest behoorlijk zuur is – en de vogels droppen er flink wat van op één dag. Al dat geschijt vreet het leven letterlijk weg uit een boom, waardoor die zijn bladeren verliest en uiteindelijk zelfs het loodje legt. Het is dus wel degelijk de aalscholver die de gevolgen moet dragen van zijn daden en niet bewust kiest voor een leven in de openbaarheid.

01 APRIL

ONZE NATUUR

Pseudobrandnetel

Pas op dat je vandaag niet gefopt wordt! In bermen en langs heggen wordt de **witte dovenetel** druk bezocht door bijen en hommels. Rond deze tijd krijgt de plant namelijk prachtige witte bloemen vol heerlijke nectar. Wat ook opvalt zijn de lange, vierkante stengels, typerend voor planten uit de lipbloemenfamilie. Laat de witte dovenetel je vooral niet misleiden. Met zijn gezaagde, lange hartvormige bladeren lijkt de dovenetel op zijn stekelige neefje, de brandnetel. De twee netelsoorten zijn minstens evenveel behaard, maar gelukkig zijn het bij de witte dovenetel geen brandharen, dus ze prikken niet. Ze voelen zelfs heel zacht aan. Net een donsje! Dat is meteen ook een verklaring voor de naam van deze netel: wat niet in brand staat, is gedoofd.

01 OKTOBER

WERELD VEGETARISME DAG

Vleesetende plant

Behalve dieren die planten eten, bestaan er ook planten die dieren eten. Ja, echt! Kijk maar naar de zonnedauw, een klein plantje met opstaande blaadjes voorzien van kleine, rode tentakeltjes. Aan de uiteinden zitten klieren die een kleverig slijm produceren, dat als druppels aan de tentakels hangt. Geen beter lokmiddel voor een nietsvermoedend insect!

Het arme slachtoffer laat zich letterlijk vangen: de bladeren van de plant sluiten zich zodra er een prooi aan kleeft. Met een dodelijke cocktail van digestieve sappen begint de zonnedauw aan het verteringsproces, wat soms wel wekenlang kan duren. Heeft het plantje alle nuttige voedingsstoffen uit het gevangen insect opgenomen, dan opent het zijn blaadjes en spuwt als het ware het harde exoskelet weer uit. Opgeruimd staat netjes...

02 APRIL

Wachten op groen licht

De **zwarte kraai** is een echte slimmerik. Hij herkent gezichten, maakt en gebruikt gereedschappen, kan tot vijf tellen en is zo sociaal dat hij informatie doorgeeft aan soortgenoten. Zijn allersterkste wapenfeit? In stedelijke omgevingen duiken soms kraaien op die okkernoten laten vallen op het harde wegdek, in de hoop dat de schaal breekt. Wanneer ze écht geluk hebben, knapt een auto het zware werk voor ze op. En dan is het wachten op groen licht – rood voor de auto's – om zich via het zebrapad naar hun feestmaal te begeven.

30 SEPTEMBER

Ritmische ratelaar

Nog tot laat op het jaar, ergens in oktober, staat de grote ratelaar in bloei. In vochtige graslanden zie je de typische tweelippige gele bloemen volop schitteren. Ga zeker eens wat dichterbij kijken en bestudeer het gras rond de bloem. Men zegt weleens: 'Waar de ratelaar groeit, blijft het gras kort.' Dat heeft alles te maken met het feit dat de grote ratelaar andere planten als waardplant gebruikt. Via zijn ondergrondse penwortel maakt de ratelaar contact met wortels van grassen en vlinderbloemigen in zijn omgeving. Zo tapt hij waardevolle mineralen en stikstof af om zelf te groeien en te bloeien. Zodra de zaden van de grote ratelaar rijp zijn, hou je er een mooie sambabal aan over. Als je de plant op en neer beweegt, dansen de dikke zaden op en neer in de kelken van de bloemtrossen.

03 APRIL

Vaderliefde *next level*

De paartijd van de **vroedmeesterpad** begint in april. Als enige kikkersoort ter wereld paart hij op het vasteland. Het mannetje neemt het vrouwtje stevig vast bij de liezen. Vervolgens legt zij een reeks eieren die als een snoer aan elkaar hangen. Vanaf dan neemt het mannetje de broedzorg over. Hij drapeert het snoer over zijn rug en draagt zijn nageslacht met zich mee bij alles wat hij doet. Pas wanneer de kikkervisjes sterk genoeg zijn om uit te zwemmen, deponeert hij de eitjes in het water.

29 SEPTEMBER

ONZE NATUUR

Achter de schermen: rode wijn met konijn

Cameraman Pim Niesten: 'Als met het filmen van de zonsondergang ook het laatste licht verdwenen is, kun je als cameraploeg eindelijk aan avondeten denken. Maar wanneer de dagen lang zijn, zijn winkels en restaurants dan vaak allang gesloten. In Knokke-Heist vonden we een adresje waar we 's avonds, op het randje van het sluitingsuur, nog welkom waren voor een heerlijke warme maaltijd: het restaurant van Leentje!

Al gauw werd dat ons vaste ritueel en stond Leentje ons iedere avond met open armen en een warme kom soep op te wachten. Op een avond bij een glas rode wijn vertelde Leentje ons dat ze zich moest ontfermen over het konijn van haar dochter, dat in de garage overleefde op groenteresten uit de keuken. Geen ideale situatie. Die avond keerde ik dus huiswaarts met een doos onder de arm en verraste ik mijn gezin met een nieuw huisdier. Het konijn werd – toch door mijn dochters – enthousiast onthaald, Luna gedoopt en vergezelde vanaf die dag de andere konijnen in onze tuin. Een bijzondere manier om konijn te bestellen op restaurant!'

04 APRIL

ONZE NATUUR

Vliegende spinnen

In het voorjaar gaan spinnen op zoek naar voedselrijke weides en dat doen ze niet via land of over het water, maar zwevend door de lucht. Wanneer ze zich klaar voelen om het luchtruim te kiezen, vatten ze post op een geschikt lanceringsplatform zoals een weidepaal. Daar 'voelen' ze met de fijne haartjes op hun poten gretig hoe de wind staat. Tegelijkertijd maken ze een spindraad aan die ze laten wapperen in de wind.

Pas wanneer de wind precies goed blaast – soms is dat pas na uren of dagen – laten ze zich meevoeren aan een soort 'parachute' van spinrag. Op die manier leggen ze makkelijk 300 à 400 meter per vlucht af en breien ze soms meerdere vluchten aan elkaar. Zo kan een spin op één dag verschillende kilometers afleggen zonder één poot te verzetten. Da's pas ecologisch reizen!

28 SEPTEMBER

ONZE NATUUR

Kraamkolonie in de bomen

Op de grens tussen zomer en herfst vliegen er verliefde **vleermuizen** door de lucht. Pas na een zomer lang insecten vreten heeft het mannetje genoeg energie over om sperma te produceren. Het vrouwtje bewaart de waardevolle zaadcellen in haar lichaam gedurende de hele winterslaap. Pas wanneer ze weer wakker wordt, vindt de bevruchting plaats en is de vleermuis officieel drachtig.

Bechsteins vleermuizen krijgen slechts één jong per jaar, meestal in juni of juli wanneer het insectenseizoen piekt. Vrouwtjes in verwachting zoeken elkaar op en zitten hun tijd uit in een kraamkolonie in een holle boom – soms met veertig toekomstige moeders bij elkaar. Meestal zijn de vrouwtjes uit één kolonie zussen, moeders en nichten van elkaar.

Het is vrij uitzonderlijk dat zo'n klein dier slechts één jong tegelijk grootbrengt. Gelukkig worden vleermuizen veel ouder dan het gemiddelde kleine zoogdier, waardoor ze toch hun bedreigde voortbestaan kunnen verzekeren.

05 APRIL

Op reis met een paardenbloem

Elk klein, geel blaadje van een paardenbloem verandert ooit in een wit pluisje. Het resultaat is één grote pluizenbol! Vlinders, bijen en zaadetende vogels zoals de groenling zijn er dol op. Als de wind of een enthousiaste voorbijganger ze niet voor is natuurlijk. Een klein briesje is soms genoeg om de zaden van een paardenbloem meters verder te doen neerdwarrelen. Sommige pluisjes schoppen het véél verder. Daarvoor rekenen ze niet op de wind, maar op thermiek of opstijgende warme lucht. Een op de 7000 pluisbolletjes vliegt meer dan een kilometer ver op zonnige dagen. En als de omstandigheden echt hélemaal goed zitten, dan landen de kleine parachutes pas na 150 kilometer! Geen wonder dat je paardenbloemen dus echt overal ziet opduiken.

27 SEPTEMBER

ONZE NATUUR

Gezocht: zadenbuffet

Vanaf de late zomer verzamelen **putters** of **distelvinken** zich in grote wintergroepen. Ze gaan gezamenlijk op zoek naar velden, bermen en ruigtes met zaaddragende bloemen zoals teunisbloem en distel. Naarmate de winter zijn intrede doet, moeten ze steeds selectiever zijn om aan hun lievelingskost te komen.

Met hun snavel, die net iets langer is dan bij andere vinkachtigen, slagen ze er bijvoorbeeld in om 's winters nog zaden uit uitgebloeide kaardenbollen te peuteren. Ook strijken ze regelmatig neer in de top van een zwarte els om zich tegoed te doen aan het verborgen lekkers in de elzenproppen – kleine zaaddragende vruchten die aan miniatuurdennenappels doen denken. Wanneer je lekkere zaden in een voederbuis of op je voedertafel aanbiedt, komt de putter binnenkort misschien ook in jouw tuin langs.

06 APRIL

ONZE NATUUR

Achter de schermen: bijna-doodervaring

Camera-assistent Mees Swinkels: ‘Samen met assistent Jeffrey namen we op een regenachtige lentedag een kijkje bij een nest **Europese hoornaars** in een oude jachthut in

Meerle. Flink uit de kluiten gewassen wespen die erg pijnlijk kunnen steken, maar gelukkig zijn ze niet agressief... tot je hun nest verstoort. Maar wie is er nu zo gek om dat te doen? Wij dus... ’s Winters, tijdens de inactieve periode van de hoornaars, hadden Dick en Jeffrey een prachtige constructie rond het nest gebouwd. Tijdens het filmen zouden Jeffrey en ik de houten platen vervangen door glas, zodat we er mooi doorheen konden filmen zonder gestoken te worden.

Heel voorzichtig trok Jeffrey de houten plaat uit de constructie, terwijl ik klaarstond met de glazen plaat. Maar toen schoot de plank ineens los, wat een trilling veroorzaakte in de jachthut. Plots schoten alle hoornaars uit het nest, klaar om ons van kant te maken. Razendsnel sprongen we uit de hut! Ongelooflijk maar waar: zonder gestoken te worden. Na bijna een uur gaven de hoornaars de strijd op en durfden we weer terug. Uiteindelijk hebben Jeffrey en Dick ongeziene close-upbeelden kunnen maken van het hoornaarsnest. Gelukkig maar, anders was alles voor niks geweest!’

26 SEPTEMBER

ONZE NATUUR

Onschuldige gifslang

In België leeft welgeteld één giftige slang, die er met haar rode, vlammende ogen nog eens extra boosaardig uitziet: de **adder**. Met haar buisvormige tanden gevuld met gif verlamt ze in een handomdraai haar prooi, van hagedissen tot kleine vogels en zelfs konijnen, die ze daarna smakelijk naar binnen werkt.

Geen zorgen, voor mensen vormt de adder amper een gevaar. Heb je de brute pech om tijdens een wandeling in een heidegebied op haar staart te gaan staan, dan kan ze wel haar tanden in je been zetten. Meestal krijgt ze niet de kans om gif te injecteren – het gaat dan om een 'droge beet' – maar als dat wel het geval is, zal een gezonde, volwassen persoon weinig hinder ondervinden. Wel kun je het best even langsgaan in het ziekenhuis om er zeker van te zijn dat de adderbeet je niet met een infectie heeft opgezadeld.

07 APRIL

Knus onder de motorkap

Floere het Fluwijn, die de hoofdrol wegkaapt in het gelijknamige boek van Ernest Claes, roept bij natuur- én literatuurliefhebbers niets dan warme, nostalgische gevoelens op. Maar dat komt misschien omdat de boer van de idyllische boerderij waar Floere woont geen auto heeft, met kabels en isolatiemateriaal die hij naar de verdoemenis kan knabbelen... Om die reden hebben de meeste mensen liever geen **steenmarter** in de buurt wonen. Toch vernielen steenmarters het binnenwerk van je auto niet opzettelijk. Ze zijn gewoon op zoek naar een knusse schuilplaats, waar ze ongestoord een dutje kunnen doen.

Tussen maart en juli zijn steenmarters extreem territoriaal en bakenen ze hun gebied – dus ook jouw auto – af met geursporen. Als jij je wagen dan plots op een andere plek in de straat gaat parkeren, dan rijd je pardoes het territorium van een andere steenmarter binnen. Door de geur van een concurrent in zijn gebied gaat die laatste helemaal door het lint en kan hij een ware ravage aanrichten onder je motorkap. Ons advies? Doe wat meer aan autoloze zondag en laat je auto zo veel mogelijk op dezelfde plek staan. Of ontvang de steenmarter met open armen en plaats een steenmarterkast waarin hij zich kan nestelen.

25 SEPTEMBER

Waar zijn die handjes?

De **bosmierspringspin** ziet eruit als een mier en ontsnapt zo aan het hongerige oog van moordlustige vijanden. Maar dat is nog niet alles: ze bootst ook mierenbewegingen na. Daar heeft ze vast even diep over moeten nadenken, want spinnen hebben per definitie één paar poten te veel om als mier te kunnen doorgaan.

Haar oplossing? Handen in de lucht! Telkens wanneer ze stilstaat – en dat doen spinnen vaak – wijst ze met haar twee voorpoten naar boven zodat ze twee antennes op haar hoofd lijkt te hebben, net zoals haar bosbewonende dubbelgangers. Marcheren als een mier doet ze overigens met haar acht poten tegelijk, maar haar grootste vijanden kunnen vermoedelijk niet goed genoeg tellen om daar problemen van te ondervinden.

08 APRIL

Links- of rechtsdraaiend?

De natuur laat niets aan het toeval over. Daarom spiralen de meeste slakkenhuisjes naar rechts. Wordt er door een speling van het lot toch een 'omgekeerde' **wijngaardslak** geboren, dan is die gedoemd om te sterven als maagd. Niet alleen het huisje heeft immers een voorkeursrichting, ook alle organen van een slak zijn netjes geordend langs een bepaalde kant. De voortplantingsorganen van twee gelijkdraaiende dieren passen in elkaar zoals een sleutel in een slot, maar bij andersdraaiende slakken maken ze de liefde onmogelijk. De kans dat een linksdraaiende slak op een gelijkgezinde soortgenoot stoot, is nagenoeg onbestaande. Vind je zelf een slakkenhuis dat zich in de verkeerde bocht wringt? Houd het dan goed bij, want deze hebbedingen zijn erg gegeerd bij schelpenverzamelaars!

24 SEPTEMBER

ONZE NATUUR

Op beversafari

De **bever** spot je tegenwoordig in elke Belgische provincie. Stond jij al eens oog in oog met dit wilde zoogdier? In het Blaasveldbroek in Willebroek is een speelparadijs voor bevers en beverspotters. Wat moet je weten voor je vertrekt?

- Bevers laten zich overdag niet zien. Plan je safaritocht dus 's avonds in.
- Bevers verschuilen zich in ruige natuurgebieden, maar duiken ook steeds vaker op in de buurt van steden. Onder andere aan de Leuvense Vaart en in de Brugse stadswateren werden al bevers gespot.
- Aangeknaagde bomen zijn een goed teken! Zie je omgevallen bomen of een beverburcht? Dan ben je zeker op het goede spoor.

09 APRIL

ONZE NATUUR

Patsers

Hét symbool van de Hoge Venen is het **korhoen**, een soort die vroeger heel algemeen was in ons land, maar nu het onderwerp is van een ware reddingsoperatie. De mannetjes van het korhoen zijn echte patsers. Voor de balts verzamelen ze zich in een 'arena', waar ze een klein territorium voor zich proberen te winnen. Dat doen ze door knorrend en sissend heen en weer te huppelen met wijd gespreide staart. Met een overdosis aan stoerheid bedreigen ze de andere mannetjes, maar dit ritueel leidt slechts zelden tot zware gevechten. Aan de zijlijn maken de vrouwtjes hun keuze tussen de bende opscheppers. De machtigste korhanen bevinden zich in het midden van de arena. Zodra de korhennen een fatsoenlijk mannetje hebben uitgekozen, gaat het koppel meteen over tot paren. Enkele seconden later is de bevruchting een feit en begint het korhen in alle rust en zonder mannelijke hulp haar grondnest in te richten.

23 SEPTEMBER

ONZE NATUUR

Achter de schermen: onverwachte edelhertenseks

Camera-assistent Mees Swinkels: ‘Mijn droom is om uiteindelijk cameraman te worden, dus ik was er als assistent altijd op uit om van Pim bij te leren over natuurfilmen. Zo zaten we op een avond in La Gleize op vechtende edelherten te wachten. Helaas was er die avond maar één mannetje van de partij, dus dat gevecht konden we op onze buik schrijven.

Omdat de druk er toch af was, mocht ik van Pim even zelf de grote, dure camera besturen. Ja, je raadt het al... Net op dat moment gebeurde er natuurlijk wat. Dat grote mannetjeshert klom plots op een vrouwtje en begon te paren! Een gebeurtenis die je bijna nooit te zien krijgt. Het gebeurde zo snel en zo onverwacht, dat er geen tijd was om Pim weer achter de camera te installeren. Gelukkig was ik zelf net op tijd om op “record” te duwen en kon ik zo een ongekend shot filmen van twee parende edelherten. Dankjewel, Pim!’

10 APRIL

ONZE NATUUR

Homemade vlierbloesemsiroop

De gewone vlier is een boom of hoge struik die al je zintuigen prikkelt. Zijn uitgeholde takken doen prima dienst als fluitje, de wintervruchten leveren heerlijke vlierbessensiroop op en in bloei ziet de vlier er ook nog eens prachtig uit. Aan het einde van de lente staat de vlier op zijn mooist. Dan kun je de bloesems plukken om lekkere vlierbloesemsiroop te maken. In april, mei en juni zie je struiken met grote schermen vol witte, kleine bloemetjes al van ver tussen het groen. Ze groeien bijna overal in de vrije natuur. Kijk goed om je heen langs velden en wegen, in de buurt van water en in parken. Misschien groeit er wel een vlierboom in een hoekje van je eigen tuin. Vertrek het liefst zo vroeg mogelijk op de dag en pluk enkel de schermen met frisse, witte bloemetjes. Het is namelijk het stuifmeel van die bloempjes dat jouw drankje straks een lekkere, zoete smaak zal geven. Mogen we je nog een tip geven? Pluk met mate(n) en laat nog onrijpe of al uitgebloeide bloesems hangen voor de bijen, insecten en andere wildplukkers. Zakje gevuld? Ontdek ons recept op www.onzenatuur.be.

22 SEPTEMBER

ONZE NATUUR

Je eigen zadenverzameling

Aan het einde van de zomer zie je veel uitgebloeide bloemen, maar knip ze niet zomaar allemaal weg! Door een deel van de bloemen te laten 'afrijpen' kun je straks de zaden oogsten en ze volgend jaar opnieuw planten. De bloemen goed laten drogen is daarbij essentieel. Voor sommige soorten zoals de goudsbloem is het voldoende dat de bloemhoofden bruin verkleuren. Bij andere planten zoals het vingerhoedskruid of de koekoeksbloem moeten de zaadhoofdjes open zijn, zodat je de zaadjes kunt zien liggen.

Pak de uitgebloeide bloemen vervolgens vast en schud ze uit boven een bakje. Laat de zaden in het open bakje nog een paar dagen uitdrogen en bewaar ze daarna in een papieren envelop op een droge plek tot volgend jaar. Op die manier kun je een mooie zadenverzameling aanleggen en heb je superveel mooie bloemen voor geen geld (en weinig moeite).

11 APRIL

Dramaqueen pur sang

En de award voor Beste Actrice gaat naar... de **gevlekte ringslang**! Voelt ze zich in het nauw gedreven, dan haalt ze haar beste dramatechnieken tevoorschijn. Ze draait zich in kronkels op haar rug, laat haar tong uit haar schuin geopende bek bungelen en draait haar pupillen weg. De aanblik van zo'n schijndode slang mist doorgaans zijn effect niet. Geef toe, zou je het zelf ook niet op een lopen zetten? Toch hoef je absoluut niet bang te zijn voor de gevlekte ringslang. Ondanks haar forse omvang en exotische looks is ze volstrekt ongevaarlijk voor ons en zal ze zelden haar tanden in een stukje mensenvlees zetten.

21 SEPTEMBER

ONZE NATUUR

START VAN DE HERFST

Geburl in de bossen

Voor fans van *Onze Natuur* is er geen geluid dat meer 'herfst' schreeuwt dan het burlen van de **edelherten**. Niet voor niets prijkt dit majestueuze dier vol trots in onze Belgische Big Five! Tijdens de bronst hoor je zijn roep al van ver door de bossen weerklinken, maar wist je dat de vrouwtjes eigenlijk vooral vallen voor de lijfgeur van de mannetjes?

Bij de ietwat patserige gevechten tussen twee rivalen komt dat indrukwekkende gewei op hun hoofd goed van pas, want in het heetst van de hitsige strijd kan het er best pittig aan toegaan. Soms beuken ze met zoveel kracht tegen elkaar, dat er zelfs een vertakking van zo'n gewei kan afbreken. Dan krijg je wat men noemt 'een karakterkop'!

12 APRIL

Een slag van de molen

Windturbines zijn een goed idee in het licht van de energiecrisis, maar tegelijk zijn het ook vreemde voorwerpen midden in het leefgebied van heel wat diersoorten. Het mag dan ook niet verbazen dat af en toe een trekvogel tegen de draaiende wiek van zo'n windmolen te pletter vliegt. Een minder voor de hand liggend slachtoffer is de **rosse vleermuis**. Wanneer hij op grote hoogte een duikvlucht maakt met een snelheid van 50 km/u om een prooi te grazen te nemen, komt hij vaker dan je denkt onzacht in aanraking met de vleugel van een windturbine.

Onder de slachtoffers van zo'n botsing zitten beduidend meer vrouwtjes dan mannetjes. Dat komt omdat de vrouwtjes van de rosse vleermuis naar hun eigen kraamkolonie in Noord- en Oost-Europa migreren, om daar hun jongen te werpen en enkele maanden later met hun nageslacht weer huiswaarts te keren. Dit in tegenstelling tot hun mannelijke soortgenoten, die meer huiselijk van aard zijn en zelden hun leefgebied verlaten. Hun hogere levensverwachting hebben ze dus te danken aan een gebrek aan wanderlust!

20 SEPTEMBER

ONZE NATUUR

Een en al rivier

Nergens komen zoveel rivieren samen op zo'n kleine oppervlakte als in Rivierenland. In het zuidwesten van de provincie Antwerpen komen de Dijle, de Nete en de Zenne (ze vloeien samen tot de Rupel) en de Schelde samen. De unieke zoetwatergetijdenwerking zorgt er voor een uniek landschap met belangrijke wetlands, beekvalleien, veen- en moerasgebieden. De Scheldevallei is ook goed op weg om het otterparadijs van België te worden. Langs al dat water is het trouwens ook voor ons, mensen, heerlijk wandelen en fietsen. Helaas brengt al dat water ook risico's met zich mee, met name overstromingen. Met het Sigmaplan werkt Vlaanderen gelukkig volop aan een natuurlijke buffer. Dijken worden opgeknapt en nieuwe overstromingsgebieden geven de rivieren en hun bewoners meer ruimte.

13 APRIL

Naamsverandering?

Dit beestje verdient een andere naam. De **oorworm** is nog nooit in oren aangetroffen en is zelfs niet sterk genoeg om er enige schade aan te richten. Toch blijft zijn reputatie als 'trommelvliesbijter' hem achtervolgen.

Maar wist je dat dit alomtegenwoordige bodeminsect uitzonderlijk zorgzaam door het leven gaat – zeker voor een insect? In het voorjaar legt ma oorworm een stuk of vijftig eitjes, die ze regelmatig helemaal schoonlikt. Eten doet ze al die tijd niet. Alleen wanneer een eitje bedorven raakt, eet ze de restanten op.

Wanneer de jongen geboren zijn, gaat ze 's nachts op strooptocht. Ze kauwt haar prooien fijn en braakt de voedzame pap op voor haar kleine nimfen. Vaak sterft ze na een maand van zelfopoffering door moederlijke uitputting, waarmee ze haar lichaam aan het hongerige nageslacht schenkt. Misschien is 'moederworm' een betere naam voor dit bijzondere beestje.

19 SEPTEMBER

ONZE NATUUR

Zeldzame broeder

Om een **notenkraker** te spotten moet je geluk hebben. In België broedt hij alleen in de buurt van Trois-Ponts, af en toe duikt hij hier ook op als wintergast. Gelukkig is hij allerminst schuw, misschien kun je hem wel betrappen op het kraken van een lekkere noot!

Niet elke notenkraker verkiest dezelfde noten. Sommige vogels hebben zich gespecialiseerd in dennenpitten, die ze lospeuteren met hun gevorkte tong en vervolgens kraken in hun bek. Andere notenkrakers focussen op hazelnoten, die ze klieven met hun robuuste snavel.

Op dit moment is de notenkraker bezig met het aanleggen van een wintervoorraad. Hij brengt zijn oogst naar een goede verstopplaats, in een boomholte of onder de grond. 's Winters is dat zijn enige voedselbron!

14 APRIL

Cirque du kiekendief

Rond deze tijd komt de **grauwe kiekendief**, de kleinste van onze kiekendieven, terug van zijn overwinterplek. Deze roofvogels zijn langeafstandstrekkers die zich ’s winters ophouden ten zuiden van de Sahara en zelfs nog verder op het Afrikaanse continent. Terwijl deze akkerbroeder het bij ons moeilijk heeft door de intensivering van de landbouw, krijgt hij ook in zijn winterkwartieren de nodige uitdagingen voorgeschoteld. Onder andere de aanhoudende droogte en het verdwijnen van zijn favoriete wintermaal – sprinkhanen – door verhoogd pesticidegebruik spelen de vogel parten.

Broeden doet de grauwe kiekendief bij ons en dat gaat gepaard met spectaculaire baltspatronen. De naam ‘circus’ in zijn wetenschappelijke naam *Circus pygargus* wijst op de cirkelvormige duikvluchten die de koppels hoog in de lucht maken ter voorbereiding op hun liefdesspel. Als een echte uitslover werpt het mannetje zich ondersteboven aan de voeten van zijn vliegende vrouwtje. Het spectaculairst om te zien zijn de prooioverdrachten, waarbij het mannetje vliegend cadeaus uitdeelt aan zijn uitverkorene.

18 SEPTEMBER

Twee piemels, twee kansen

Een kind kost een huis – en in het geval van de **tijgerspin** soms een leven. Het mannetje van de tijgerspin moet dan ook omzichtig te werk gaan, want de voorwerpen van zijn lust hebben kannibalistische trekjes.

Om zijn overlevingskansen na de seks te vergroten heeft het mannetje enkele opmerkelijke strategieën ontwikkeld. Zo kiest hij het liefst voor een maagd met een zacht en soepel voortplantingsorgaan, waardoor zijn voortplantingsdaad minder agressie opwekt.

Daarnaast staat het mannetje tijdens de paring een van zijn twee genitaliën af aan het vrouwtje. Zo kan hij zich zo snel mogelijk uit de voeten maken om ergens anders een tweede kans te wagen. Daarna is het onherroepelijk gedaan met zijn pogingen om zaad te verspreiden.

Meestal komt het echter niet zover, want de vrouwelijke tijgerspin kent geen mededogen. De meeste mannetjes overleven de bevruchting niet en eindigen als spinnenvoer voor de moeder van hun toekomstige kinderen.

15 APRIL

A whole lotta kikker

De **Amerikaanse stierkikker** of *American bull-frog* wordt ook weleens 'brulkikker' genoemd. Drie keer raden waar hij die naam aan verdiend heeft. Deze flink uit de kluiten gewassen, bruin-groene kwaker kun je honderden meters tot zelfs een kilometer ver horen brullen in de paartijd. Al is brullen misschien veel gezegd... Zijn roep klinkt eerder als een soort laag, rommelend gebrom. Met een beetje verbeelding kun je hem zelfs verwarren met een burlend edelhert!

Wil je de Amerikaanse stierkikker onderscheiden van zijn lokale soortgenoten? Onthoud dan dat hij altijd solitair roept, nooit in koor zoals de meeste inheemse kikkers. En ook aan zijn enorme formaat kun je hem herkennen. Gemiddeld is hij zo'n 22 centimeter groot en kan hij tot 500 gram zwaar worden. Dat is *a whole lotta* kikker!

17 SEPTEMBER

Rood met witte stippen

Jonge **vliegenzwammen** moeten hun stippen verdienen. Aan het begin van hun leven boven de grond zijn deze amanieten volledig wit. Tijdens de eerste groeispurt breken ze uit hun witte vliesje en blijven er enkel witte schilfers achter op hun hoed. Zo ontwikkelen ze hun typische rood-met-witte-stippenlook waar we al van jongs af aan over zingen. Helaas blijven ook vliegenzwammen niet eeuwig jong. Hoe groter en ouder de vliegenzwam, hoe kleiner de witte vlekjes. Door weer en wind spoelen de restanten van het witte vlies soms volledig weg en blijft de vliegenzwam achter met een eentonige, knalrode hoed.

16 APRIL

ONZE NATUUR

Natuurgebied van de maand: Hallerbos (voorjaarsbloeiers)

Vanaf half april verschijnen er miljarden kleine, paarse voorjaarsbloeiers op de bodem van dit loofbos. Een ongeëvenaard tapijt van boshyacinten zorgt voor een sprookjesachtige setting die duizenden kijklustigen naar het Hallerbos doet afzakken. Wil je het spektakel in alle rust bewonderen, kies dan voor een weekdag of trek in alle vroegte je wandelschoenen aan.

Dat er zoveel boshyacinten op één plek staan, is heel bijzonder. Deze typische bloemen groeien alleen op oude bosbodems waar genoeg voedsel in de grond zit en alleen wanneer het warm genoeg is. De omstandigheden moeten precies goed zijn! Parkeren kan bij het Bosmuseum in de Vlasmarktdreef, 1500 Halle. In het hyacintenseizoen kun je het best het openbaar vervoer nemen.

16 SEPTEMBER

Eierlevendbarende slang

De **gladde slang** is de felste van onze drie inheemse slangensoorten. Wanneer ze zich bedreigd voelt, aarzelt ze niet om uit te halen. Niet bang zijn: dit reptiel is niet giftig en haar tanden voelen nauwelijks aan als speldenprikjes. De kans dat je haar boos maakt, is trouwens erg klein, want ze is een echte camouflagekampioen. Om haar te spotten heb je een flinke portie 'slangengeluk' nodig!

Deze slangensoort legt geen eieren in een slangennest, maar broedt haar wondertjes uit in eigen buik. Bij 29 tot 33 °C groeien de embryo's het best, maar zulke zomerse dagen zijn hier schaars. Het duurt dan ook vier tot vijf maanden voor de kleine slangen geboren worden. Hun veilige ei wordt alsnog gelegd, maar ze breken er vrijwel meteen uit. Een vrouwtje 'werpt' zo jaarlijks 3 tot 15 jongen van 12 tot 21 centimeter lang.

De gladde slang is bedreigd in ons land. De bestaande populaties houden moedig stand, maar kunnen door aanhoudende versnippering niet uitbreiden. Dat maakt ze erg kwetsbaar, want ze hebben geen uitwijkmogelijkheden wanneer hun habitat wijzigt, bijvoorbeeld door de klimaatverandering. Een soort die in de problemen komt en niet kan uitwijken, dreigt lokaal uit te sterven.

17 APRIL

Dodelijk vermoeiende migratie

Wist je dat er nog nooit zich voortplantende palingen of eitjes van de **paling** bij ons in het wild zijn waargenomen? Honderd jaar geleden werden er wel larven van slechts enkele dagen oud in de Saragossazee gevonden, zo'n 7000 kilometer van hier, wat doet vermoeden dat onze palingen daarnaartoe trekken om er te paaien.

De larven doen er twee jaar over om op de Golfstroom mee te liften richting West-Europa. Tijd genoeg om onderweg rustig verder te ontwikkelen tot glasalen – kleine, doorzichtige palingen. Zodra ze onze rivieren bereikt hebben, vestigen ze zich en groeien ze verder uit tot volwassen exemplaren. Dan duurt het nog eens vijf tot twintig jaar voor ze terugkeren naar de zee om op hun beurt een nageslacht tot stand te brengen. De migratie en het paaien kosten zoveel energie van de vissen, dat ze vermoedelijk sterven op de paaigronden.

15 SEPTEMBER

Klieder klodder in de modder

De combinatie van water en zand kan bij volwassenen meestal niet op vreugdekreten rekenen. Bij kinderen daarentegen! De mogelijkheden met modder zijn eindeloos en je leert er veel van. In een **modderkeuken** kunnen kinderen hun fantasie de vrije loop laten: heksensoep, een natuurlijk taartje of stevig cement voor allerlei bouwwerken? Versieren, op smaak brengen en afwerken kan met andere vondsten uit de natuur, van blaadjes en gras tot bloemen en kiezelsteentjes. Hoe bouw je zelf een modderkeuken? Maak een aanrecht met houten pallets en bevestig er een paar diepe bakken, teilen of emmers aan. Zo creëer je een gecontroleerde zone waar de allerkleinsten ongecontroleerd kunnen (aan)modderen.

18 APRIL

ONZE NATUUR

Mieren smokkelen viooltjes

Langs hagen en muren, onder bomen of op een braakliggend stuk grond: viooltjes in de stad zijn al lang geen uitzondering meer. Hoe hebben deze kleine tuinplantjes het zover geschopt? Het paarse, maartse viooltje (*Viola odorata*) en het driekleurig viooltje (*Viola tricolor*) zijn uit de tuin ontsnapt met de hulp van een andere soort: mieren! Deze harde werkers lusten niets liever dan de zoete zaadjes van viooltjes en slepen ze als smokkelgoed overal mee naartoe. Zo helpen ze de prachtige, blauwpaarse tuinbloempjes verspreiden in de stad. Verwilderde viooltjes bloeien trouwens anders dan de aangeplante versie in tuinen en parken: ze krijgen kleinere en minder felgekleurde bloemen. Heb jij ze al gezien?

14 SEPTEMBER

ONZE NATUUR

Zoutminnend zeekraal

Te land, ter zee of in de lucht? Als je puur op de naam afgaat, zou je denken dat **zeekraal** in de zee groeit, maar dit eenjarige plantje groeit in werkelijkheid op het land. Of toch niet helemaal? Zeekraal floreert in slikken en schorren, die regelmatig overstromen met zeewater. Daar zuigt dit zoutminnende kraal zich vol met zilt water. Dat verklaart de naam dus! Vind je ook niet dat de korte, dikke stengels lijken op die van een vetplant? Op het eerste gezicht heeft zeekraal dus geen echte blaadjes. Toch zie je van dichtbij hoe er kleine schubben op de stengels groeien. Dat zijn de blaadjes, die je bovendien rauw kunt plukken en opeten. Ze smaken – hoe kan het ook anders – lekker zoutig!

19 APRIL

ONZE NATUUR

Heidebrand biedt groeikansen

Onze heide is een woeste biotoop waar enkele van onze meest spectaculaire inheemse soorten leven, van vleesetende planten tot giftige slangen en klapeksters die muizen op doornen prikken. Om de zoveel tijd steken boswachters echter een stuk heide in brand, gecontroleerd welteverstaan. Als je de vlammen onder controle houdt, onder het toeziend oog van brandweerlui, is vuur namelijk een verschroeiend efficiënt middel om weer meer biodiversiteit in een heidegebied te krijgen. Door de heide oppervlakkig af te branden wordt de bovenste laag met planten weggeschroeid in plaats van afgegraasd door schapen of runderen, en dat geeft de heide opnieuw groeikansen. Door soorten zoals het pijpenstrootje af te branden komt er plaats vrij voor nieuwe zaden die nog veilig in de bodem zitten.

13 SEPTEMBER

Driemaal eten

Een tekenleven duurt ongeveer drie jaar. Om haar levenscyclus te voltooien heeft deze spinachtige drie verschillende gastheren nodig – één voor elk levensstadium. Nadat ze haar lichaam vol met bloed gezogen heeft, vervelt de teek van larve naar nimf, van nimf naar adult, of is ze klaar om zich voort te planten. Dat wil dus zeggen dat elke **teek** in haar leven slechts drie bloedmaaltijden nodig heeft én dat ze soms meer dan een jaar overleeft zonder voedsel. Dan houdt ze zich geduldig op in het struikgewas, wachtend op een geschikte gastheer.

Van de larven hoeven wij weinig schrik te hebben. Ze hebben nog nooit bloed gegeten en kunnen dus geen ziektes overdragen. Bovendien verkiezen ze kleinere dieren om in te bijten. Volwassen teken zijn dan weer zo groot dat ze zelden lang onopgemerkt blijven. De nimfen veroorzaken het meeste leed bij mensen. Je voelt ze haast niet over je huid kruipen en ze kunnen wél ziektekiemen met zich meedragen.

20 APRIL

ONZE NATUUR

Drijfnest

Meerkoeten zijn niet van onze zoete wateren weg te denken. In dit seizoen ontpoppen ze zich als architect, buitenwipper én helikopterouder. Met veel aandacht plukken ze riet en ander plantaardig materiaal van de oever om een drijvend nest te bouwen. Dat verankeren ze aan de waterkant, zodat het water niet met hun toekomstige kroost op de loop gaat. Ma en pa meerkoet dulden niemand in de buurt van hun nest en schoppen stennis met elke soortgenoot of andere watervogel die zich te dichtbij waagt. Kersverse kuikens zwemmen meteen hun ouders achterna en laten zich de eerste weken gewillig voederen. Al hun goede zorgen ten spijt overleeft 80% van de jongen hun eerste levensjaar niet. Om dat te compenseren gokken meerkoeten elk jaar op meerdere legsels. De eerstgeborene zwemmen vaak nog rond in de buurt wanneer zich jongere broers en zussen aandienen.

12 SEPTEMBER

ONZE NATUUR

'Legkip' van de Noordzee

De meeste vissen spelen op zeker en leggen een heleboel eitjes tegelijk op een beschutte plek in het water, in de hoop dat er uiteindelijk toch enkele volwaardige vissen uit voortkomen. De **stekelrog** daarentegen pakt het anders aan: in het voortplantingsseizoen legt het vrouwtje haar leerachtige eieren een voor een, zoals een kip.

En die eieren zien er best bijzonder uit: ze zijn donkerbruin tot zwart van kleur, rechthoekig van vorm en hebben een lange stekel aan elke hoek, waarmee ze zich 'vastkleven' aan de bodem van de zee. In elk ei zit één embryo, dat via de stekels zuurstof binnenkrijgt. Na vier tot zes maanden komt het babyrogje uit het eikapsel. Dit lege omhulsel spoelt vaak op het strand aan en levert een mooie vangst op voor strandjutters.

21 APRIL

ONZE NATUUR

Als geraniums praten konden... dan hadden ze een bek

Nu ja, deze plant kan misschien niet écht praten, maar de vorm van de vruchten spreekt wel tot de verbeelding. Met wat fantasie zie je in het lange uitgroeisel namelijk erg veel gelijkenissen met de lange snavel van een kraanvogel ('Geranos' in het Grieks). Maar niet alle **ooievaarsbekken** hebben 'geranium' in hun naam. Toen een aantal ooievaarsbekken met afwijkende vormen uit het Afrikaanse continent ook in Europa opdoken, ontstond er een nieuwe naam. Dat had alles te maken met de afwijkende vruchtvorm. Die leek niet langer op een kraanvogel, maar eerder op een ooievaar ('Pelargos' in het Grieks). Pelargoniums danken hun naam dus aan een andere vogel. Al spreken de meeste mensen in de volksmond toch nog over geraniums. Dat 'bekt' makkelijker, vind je ook niet?

11

SEPTEMBER

Vlier in het vizier

Waar de prachtige witte bloesems van de gewone vlier in het voorjaar een heerlijk zoete geur opleveren, heeft deze grote struik in het najaar iets anders te bieden. Zijn herfsttooi bestaat uit trosjes donkerrode bessen, die van de vlier een echte vogelattractie maken. Soorten als de zwartkop zijn dol op de zoete vruchten. Vogels zijn trouwens een onmisbare schakel in de verspreiding van de struik. De vlier rekent op zijn gevleugelde vrienden om zijn zaden te helpen verspreiden. Zo duiken her en der regelmatig solitaire vlierstruiken op. Wij klagen alvast niet, want van de vlierbessen kun je zelf ook heerlijke siroop maken.

22 APRIL

DAG VAN DE AARDE

Bodembeheer

Wist je dat in één handje 'goeie grond' meer micro-organismen zitten dan er mensen op onze planeet rondlopen? En dat je ongeveer een kwart tot een derde van alle organismen in de bodem onder je voeten kunt terugvinden? Dit netwerk van schimmels en bacteriën vormt samen een enorme bron van biodiversiteit, met ook een grote impact op de biodiversiteit boven de grond – en vice versa.

Wil je de bodem in je eigen achtertuin ook gezond houden? Laat je spade en schoffel dan wat vaker aan de kant staan en gun de aarde wat rust. Bodembedekkers zorgen voor vruchtbare grond, maar je kunt je borders ook bedekken met afgevallen bladeren of de grond mengen met compost. Zo komt er veel humus in de bodem en geef je het bodemleven een flinke boost. Wil je toch bemesten? Gebruik dan organische mest en blijf ver weg van alle chemische rommel.

10 SEPTEMBER

ONZE NATUUR

Niets menselijks is ze vreemd

Wie zich verdiept in het liefdesleven van de **kauw**, merkt al snel dat er heel wat parallellen te trekken zijn met de veelheid aan menselijke relaties. In theorie is de zwarte vogel met het zilvergrijze achterhoofd strikt monogaam en maakt hij jaar na jaar met dezelfde partner een nest. Maar in realiteit? *It's complicated!*

Al erg jong, vaak nog voor ze vruchtbaar zijn, gaan kauwen op zoek naar een partner voor het leven. Toch blijken ze op die leeftijd niet altijd goed te weten wat ze echt willen. In die prille liefdesrelaties vinden dan ook regelmatig wissels plaats. Niet uit blinde verliefdheid, wel in een poging om de eigen sociale status te verbeteren – want die hangt onlosmakelijk samen met die van hun levenspartner.

Wanneer een partner overlijdt, blijven weduwen en weduwnaars niet bij de pakken zitten. De mannetjes proberen een *single lady* naar hun nest te lokken, de vrouwtjes gaan op zoek naar een eenzame man met een mooi huis of snoepen er een af van een minder fortuinlijk vrouwtje. Of ze veranderen van kamp en kiezen voor een geslachtsgenote om de rest van hun leven mee door te brengen – soms leidt dat zelfs tot driehoeksrelaties.

23 APRIL

ONZE NATUUR

Bloesemtijd!

Wanneer witte en roze bloemetjes aan de fruitbomen verschijnen, dan weet je dat het echt lente is. Appel-, peren- en kersenbomen laten zich in april en mei van hun mooiste kant zien. Fruitbomen bloeien gemiddeld enkele weken. Samen vormen ze een prachtige en heerlijk geurende bloemenzee. Toch verschijnen niet alle soorten bloesems op hetzelfde moment. Begin april zijn de vroege kersensoorten aan de beurt, ongeveer twee weken later gevolgd door de perenbloesems. Nog wat later staan ook de appelbomen in volle bloei, daarna ook de late kersensoorten. Vooral in Haspengouw kun je niet naast de bloesempracht kijken. Wandel of fiets door kilometers boomgaarden, snuif de sfeer op en trakteer jezelf en je vrienden daarna op een welverdiend drankje in een van de vele bloesembars.

09 SEPTEMBER

ONZE NATUUR

Wist je dat sprinkhanen...

— **ook kunnen 'vliegen'?** Tijdens het springen fladderen ze met hun vleugels om net dat tikkeltje verder te kunnen landen.

— **goeie 'drummers' zijn?** De mannetjes maken geluid door hun vleugels en/of poten over elkaar te wrijven, met hun poten op voorwerpen te hameren of met hun poten tegen hun vleugel te trommelen.

— **zich gedragen als een levende katapult?** In hun knieën zit een mechaniekje dat werkt als een opgespannen veer. Bij een sprong ont-spannen ze de spieren in hun achterpoten en 'boiing' – ze worden de lucht in gelanceerd!

— **echte speurneuzen zijn?** Nieuwe geurtjes worden in een mum van tijd in hun geheugen opgeslagen en gedetecteerd in minimale hoeveelheden. Er lopen zelfs studies om ze op te leiden als 'explosievenhond' – eh – explosievensprinkhaan.

24 APRIL

ONZE NATUUR

Een levensreddend geschenk

Het mannetje van de **kraamwebspin** neemt een bruidsgift mee wanneer hij op vrijersvoeten is. Een zorgvuldig ingepakt insect moet zijn toekomstige partner niet alleen in de juiste stemming brengen, hij wil er ook zijn eigen leven mee redden. Tijdens het paren zet het vrouwtje haar tanden in zijn eiwitrijke gift, waardoor ze geen tijd heeft om de casanova zelf op te peuzelen. Wie op kannibalen valt, moet inventief zijn!

08 SEPTEMBER

De hechte band van een familie

Een alfamannetje en een alfavrouwtje, die aan de top van de hiërarchie de touwtjes in handen houden en de rest van de wolvenroedel door middel van agressie onder de knoet houden: het is een theorie die inmiddels al een tijdje achterhaald is. In de realiteit gaat het er veel vredelievender aan toe bij wolvenfamilies in het wild. Moeder en vader wolf nemen hun leidende rol enkel en alleen op zich omdat ze nu eenmaal de opvoeders van die bende welpen en jaarlingen zijn, niet omdat ze zo'n autoritair schrikbewind hebben gevoerd.

Meestal komt de heerschappij over de roedel pas tot een einde wanneer een van de twee ouderdieren het loodje legt. Maar er zijn ook gevallen waarin een helft van het alfakoppel de scepter vroegtijdig doorgeeft aan zijn opvolger, wanneer die bijvoorbeeld verzwakt is na een ziekte of ongeval. De ex-leider hoeft zich geen zorgen te maken over zijn pensioen: de familie blijft zich over hem ontfermen. Een echte scheiding is bij **wolven** eerder uitzonderlijk, en dan is het doorgaans het mannetje dat zijn koffers moet pakken en het vrouwtje dat zich aan een nieuwe partner verbindt om haar nageslacht voort te zetten.

25 APRIL

Op jacht met de visarend

In april (soms al in de laatste week van maart) strijkt de visarend neer in België. In het najaar kun je hem spotten van half augustus tot eind september. Broeden doet hij hier (nog) niet, maar zijn jaaggedrag is om duimen en vingers bij af te likken. Wanneer hij een hulpeloze vis spot tot een halve meter onder het wateroppervlak, duikt hij met snelheden tot 70 km/u het water in. Met de klauwen vooruit grijpt hij zijn avondmaal vast, dat soms bijna evenveel weegt als de vogel zelf. Opdat het glibberige vissenlichaam niet aan zijn poten ontglipt, zijn de voetzolen van de visarend uitgerust met scherpe uitsteeksels voor extra grip. Bij het opvliegen schudt hij snel overtollig water uit zijn verenpak, waarna hij soms in de vlucht al begint met het verscheuren van zijn prooi.

07 SEPTEMBER

ONZE NATUUR

Heeft België ook een buideldier?

Jazeker! Al is ons 'buideldier' beduidend minder schattig dan de koala's en kangoeroes van *down under*. De meeste mensen zijn het **pissebed** liever kwijt dan rijk, ook al doet het kleine schaaldier geen vlieg kwaad en vervult het een belangrijke rol als opruimer van plantenresten. Maar wacht eens even, hadden we het hier niet over dieren met een buidel?

Dat klopt ook! Wanneer de vrouwtjes van het pissebed in de lente en/of de zomer een collectie eieren produceren, bewaren ze die in hun broedbuidel. Daar is plaats voor telkens ongeveer 200 eieren. Als de jonge pissebedden na enkele weken uitkomen, blijven ze nog een tijdlang (letterlijk) in hotel mama wonen. Ze worden er gevoed met een heerlijk goedje: moederkak. Geef ons dan toch maar liever een glaasje kangoeroemelk...

26 APRIL

Achter de schermen: een lesje vissen vangen

Cameraman Dick Harrewijn: 'Een tip leidde ons naar de Polders van Kruibeke, waar al enkele dagen een **visarend** gespot werd. Door het gebied loopt een wandelpad met een brug over de slenk. Vlak ernaast stonden bomen, waar het jonge vrouwtje in zat. Een unieke kans om een jagende visarend te filmen! Jeffrey en ik zagen haar meerdere keren per dag voor onze neus in het water duiken, maar het lukte maar niet om de scène in beeld te brengen. Deze jonge visarend moest zelf nog leren vissen, dus ze had het enorm moeilijk om een visje uit het water te halen. Keer op keer dook ze het water in, zonder resultaat.

Voor ons was het ook een leerproces om te begrijpen hoe zij vliegt: binnen een seconde beslist ze om duizelingwekkend snel naar beneden te duiken. Daardoor is haar duikvlucht moeilijk te volgen, zeker als je tegelijk het beeld scherp moet houden. En zodra ze het wateroppervlak raakt, staat ze helemaal stil en moet de camera ook stoppen met bewegen. We hebben maar liefst tien dagen gefilmd – twaalf uur per dag – voor we het ultieme shot konden maken! Maar dat was ook zó spectaculair… Dat hadden we niet durven dromen.'

06 SEPTEMBER

ONZE NATUUR

Achter de schermen: zwarte spechten vliegen uit

Camera-assistent Jeffrey van Houten: 'Een goede voorbereiding is het halve werk. Voor onze scène met de zwarte specht kregen we hulp van vogelspotter Karel, die ons een nest tipte en ook precies wist waar, wanneer en hoe de ouders hun jongen voerden. Dergelijke informatie is van onschatbare waarde, want het kost immens veel tijd om een wild dier en zijn gewoontes te leren kennen – cruciaal om onze camera op de juiste plek te kunnen opstellen.

Het ideale einde van deze scène zou het uitvliegen van de jongen zijn. Maar dat gebeurt maar één keer en vaak zijn er slechts twee jongen in het hol aanwezig. Als filmmaker krijg je dus maar één kans. Op een gegeven moment belde Karel dat het die week zou gaan gebeuren. Maar op maandag filmden we aan de andere kant van het land. Dinsdag kon ik wel even een omweg maken en daar zat ik dan, 's ochtends vroeg onder het perfecte tegenlicht. Mijn geluk kon niet op toen na anderhalf uur wachten niet twee, niet drie, niet vier, maar vijf jongen voor mijn lens het ouderlijk nest verlieten. Een magisch moment!'

27 APRIL

ONZE NATUUR

Pinksterbloem

Laat je niet foppen: de pinksterbloem is al uitgebloeid tegen Pinksteren. Deze voorjaarsbloeier laat zich met haar lichtpaarse, trosvormige bloemen in april al van haar beste kant zien. De pinksterbloem gedijt goed in de buurt van vochtige graslanden, moerassen en broekbossen. Je zou kunnen zeggen dat ze van natte voetjes houdt, maar dat geldt niet voor gietende regen. Daar heeft deze kruisbloem gelukkig iets op gevonden: tijdens een fikse plensbui stelt de pinksterbloem haar ingebouwde paraplumechanisme in werking. Ze sluit haar bloemblaadjes en buigt ze naar de grond. Op die manier houdt deze plant het stuifmeel binnen in haar grote, lila bloemen droog.

Ook 's nachts blijft de pinksterbloem alert voor regen en schermt ze zich af wanneer nodig. Dat is belangrijk wanneer vlinders, bijen en zweefvliegjes, de enkelingen die helemaal tot onder in de bloemen raken, langskomen om nectar te tanken. Zij zorgen namelijk voor de bestuiving door het stuifmeel van de stampers mee te nemen op hun vleugels en pootjes. Dat zou niet lukken als de bloemen kletsnat worden.

05 SEPTEMBER

ONZE NATUUR

Natuurgebied van de maand: Vallei van de Zwarte Beek

Deze groene parel in en rond het Limburgse Beringen is extreem gevarieerd. Over een gebied van 1300 hectare kom je zowel kurkdroge heide met stuifduinen als zompige beekvalleien tegen – en alles daartussenin. Geen wonder dat onze cameramannen regelmatig postvatten in deze biodiversiteitshotspot!

Een icoonsoort in deze wondermooie vallei is zonder twijfel de watersnip, een vogel die zo veeleisend is dat hij enkel neerstrijkt op plekken waar de natuur écht goed boert. Geen wonder dat hij zijn naam geeft aan het bezoekerscentrum De Watersnip (Grauwe Steenstraat 7/2, 3582 Koersel-Beringen), waar je talrijke wandelingen kunt aanvatten. In het weekend en op feestdagen ben je ook welkom op de 'rode' route, die door het plaatselijke militair domein vlak langs de Zwarte Beek kronkelt.

28 APRIL

ONZE NATUUR

Rugstreeppad

Een dunne, gele streep op de rug: zo herken je de rugstreeppad uit de duizend. Deze soort verkiest open, zanderig terrein dat snel opwarmt en waar hij zich makkelijk kan ingraven. Met zijn korte pootjes en abominabele zwemkunsten is de rugstreeppad gedoemd om in ondiep water eieren te leggen – zijn neus komt dan net boven het wateroppervlak uit. Wanneer zo'n ondiepe plas in de zon opwarmt, kunnen zijn larven zich relatief snel tot dikkopjes ontwikkelen. Maar… wanneer de tijdelijke poel onverhoopt uitdroogt, is alle moeite voor niets geweest. De rugstreeppad is dus een erg kwetsbare soort die de nodige bescherming verdient.

04 SEPTEMBER

Eeuwenoude mossel

Even leek het of hij voorgoed uit onze wateren verdwenen was, maar dankzij de inspanningen van allerlei natuurverenigingen duikt hij her en der weer in onze rivieren op: de **beekparelmossel**. Zijn naam doet vermoeden dat je in elke schelp zo'n glanzend sieraad terugvindt, maar in de realiteit is dat toch eerder uitzondering dan regel. Jammer genoeg hield dat parelvissers in de 20ste eeuw niet tegen om op schattenjacht te gaan en ze stuk voor stuk open te breken, wat bijna de ondergang van de soort betekende.

Uniek voor een weekdier is de extreem lange levensverwachting van de beekparelmossel. In ideale omstandigheden leeft hij met gemak zo'n honderd jaar! Als hij tenminste niet vroeger het loodje legt door waterverontreiniging of de achteruitgang van bepaalde vissoorten waarvan hij afhankelijk is voor zijn voortplanting. Maar net omdat hij zo oud kan worden, blijven populaties vaak nog best lang bestaan, ook al komen er geen nakomelingen meer.

29 APRIL

Lieve, kleine bruinvis

Wie dacht dat er in de Belgische Noordzee geen walvissen voorkomen, moet zijn verrekijker een beetje bijstellen. Toegegeven, je hebt een krachtige vergroting nodig om hem te spotten, want de bruinvis steekt maar af en toe zijn driehoekige rugvin boven water. Qua lengte en gewicht komt hij vrijwel overeen met een gemiddelde mens, wat hem meteen de titel van kleinste walvisachtige in Europa oplevert. O, en laat je niet misleiden door zijn naam: de bruinvis is niet bruin, maar grijs van kleur, met een lichte, bijna witte buik.

Acrobatische sprongen zoals de dolfijn, daar houdt deze bescheiden jongen zich niet mee bezig. Ondanks dat je hem niet vaak boven het wateroppervlak zult zien, is dit toch het meest algemeen voorkomende zeezoogdier in ons land. Met zo'n 5000 tot 10.000 bruinvissen in de Belgische wateren doet de soort het een pak beter dan in de jaren 1960, toen de dieren ei zo na uitgestorven waren. Toch zijn ze nog steeds erg kwetsbaar, vooral door de visvangst en aanvallen van grijze zeehonden, wat ze terecht een plekje op de lijst van beschermde soorten oplevert.

03 SEPTEMBER

Plukplaats

Vind je in het bos of op een verscholen plek een heleboel veren uitgestald in een grote (halve) cirkel? Dan ben je mogelijk op de plukplaats van een **havik** gestoten. Wanneer die zijn favoriete maal verschalkt heeft – hij is dol op onder andere houtduiven – zoekt hij een geschikte plek uit om zijn prooi te pluimen. De grote handpennen en staartveren zijn als eerste aan de beurt, later verwijdert hij vakkundig de kleinere veren.

Hoe groter de cirkel van veren, hoe groter de vogel. En er is nog een dierspoor dat verraadt met wie je te maken hebt... vogelkak! Wanneer een roofvogel tijdens het plukken zijn behoefte doet, belandt zijn kakje verder van het middelpunt bij een grote vogel (bijvoorbeeld het vrouwtje van de havik) dan bij een kleine soort (bijvoorbeeld de sperwer).

30 APRIL

Graven als een mol

De **veenmol** is een indrukwekkend groot en sterk (en volgens sommigen ook lelijk) insect met voorpoten die eruitzien als de stevige 'handen' van die andere gangengraver: de mol. Dat twee diersoorten zonder enige verwantschap toch hetzelfde functionele kenmerk ontwikkelen, noemen we 'convergente evolutie'.

De veenmol heeft er ook zijn wetenschappelijke naam aan te danken. *Gryllotalpa* kun je letterlijk vertalen als 'krekelmol', een naam die het dier ook in het Engels krijgt (*mole cricket*). Het insect leeft grotendeels ondergronds en weet zonder al te veel weerstand zijn weg te banen in vochtige veengrond.

Hier bij ons is dit dier vrij zeldzaam, al kan hij lokaal in groten getale voorkomen. Het is een van de favoriete hapjes van de hop, een fraaie vogel met een indrukwekkende kuif. Door de veenmol te beschermen hopen natuurwerkers dat ook de hop weldra weer wat vaker komt broeden in België.

02 SEPTEMBER

ONZE NATUUR

Een vogel als een varken

Porseleinhoenen voelen zich als een ral in het water in grote, open moerasgebieden. Die zijn de voorbije eeuw steeds schaarser geworden, waardoor de vogel hier nog maar erg sporadisch tot broeden komt. Het handvol koppels dat hier zijn jongen grootbracht, vertrekt nu alweer naar het zuiden van Afrika om te overwinteren.

De naam 'porseleinhoen' heeft vermoedelijk niets te maken met wit keramiek, maar alles met op modder beluste biggen. De wetenschappelijke naam *Porzana porzana* doet denken aan het Italiaanse *porca* of 'varken' en *porcella* of 'big'. Sommige etymologen beweren dat dat komt omdat de vogels graag in de nabijheid van modder vertoeven, anderen wijten het aan het varkensachtige gekrijs van de verwante waterral. Bij de vertaling is er vervolgens iets misgegaan: omdat *porcella* ook 'porselein' betekent en dichter bij onze taal aansluit, werd het 'porseleinhoen' en niet 'varkenshoen'.

01 MEI

ONZE NATUUR

DAG VAN DE ARBEID

Werknemer van de Maand

Als je bij de scouts hebt gezeten en je kreeg de naam **'mier'** als totem, dan mag je er prat op gaan dat ze je een ijverige, harde werker vinden. En ook in de fabel van de krekel en de mier plukt die laatste de vruchten van haar productieve karakter. Door haar noeste arbeid in de zomer kan de mier 's winters genieten van een goedgevulde voorraadkast, terwijl de krekel liever zingend met zijn gat in de zon lag en bij de eerste vorst op zijn kin moet kloppen.

Van die reputatie is geen letter gelogen: de rode bosmier is een echte workaholic die dag en nacht druk in de weer is. Die gigantische woonburcht bouwt zichzelf immers niet! Om de constructie van dat complexe bouwwerk met al die gangetjes en kamertjes tot een goed einde te brengen, heb je een strak georganiseerd team van bouwvakkers nodig. En als er iets is waar mieren in uitblinken, dan is het wel samenwerken als een goed geoliede machine. Bovendien hebben ze geen kranen en bulldozers nodig om hun bouwmaterialen op de juiste plek te krijgen: een rode bosmier kan met gemak zo'n vierhonderd keer zijn eigen gewicht verplaatsen.

01 SEPTEMBER

ONZE NATUUR

EERSTE SCHOOLDAG

Pientere plunderaar

Vandaag zwieren honderdduizenden kinderen en jongeren weer hun boekentas over hun schouder, klaar om een verse portie leerstof naar binnen te werken. De een al wat enthousiaster dan de ander... Als het aankomt op leergierigheid, vliegt er sinds kort weer een bolleboos van formaat rond in onze bossen. Een nobel voorbeeld voor de schoolgaande jeugd: de raaf.

Van nature is de **raaf** een enorm intelligent dier. Hij kan dingen aanwijzen met zijn snavel, steentjes gooien naar indringers die te dicht bij zijn nest komen en geheime voedselvoorraden van zijn buren onthouden – om ze daarna schaamteloos te plunderen. Uit een experiment met raven in gevangenschap blijkt zelfs dat ze zich na een uur nog kunnen herinneren met welk gereedschap ze een doosje kunnen openmaken waar een lekker hapje in verborgen zit. Op deze test scoren ze beter dan een kleuter van vier jaar oud. Straf!

02 MEI

ONZE NATUUR

Raspende nachtgeluiden

De **kwartelkoning** – meer verwant aan het waterhoen dan aan de kwartel – keert in deze periode terug uit zijn overwintergebied in tropisch Afrika. Hij verkiest vochtig, kruidenrijk hooi- en weiland, een habitat die steeds schaarser wordt.

Te zien krijg je deze camouflagekampioen zelden, maar bij nacht kun je de baltsroep van het mannetje horen. Dat klinkt als 'crex crex', meteen ook de wetenschappelijke naam van de soort. Je kunt het geluid nog het best vergelijken met een tak die over de tanden van een plastic kam strijkt. Vooral in mei en juni – aan het begin van de broedperiode – laten de mannetjes van zich horen.

31 AUGUSTUS

ONZE NATUUR

Wat als... je naar knoflook ruikt?

Wanneer de **knoflookpad** zich bedreigd voelt, vindt hij er niks anders op dan een intense geur van knoflook te verspreiden. Om dat te ruiken moet je echter veel geluk hebben (en de pad nog meer), want de soort is zo zeldzaam geworden dat ze nog maar op twee plekken in ons land voorkomt: in Peer en in de regio Zonhoven/Hasselt. In een ultieme poging om de knoflookpad te redden kweekt het INBO (Instituut voor Natuur- en Bosonderzoek) eisnoeren uit de natuur op in bassins, waarna de amfibieën als larve weer uit worden gezet in visvrije poelen.

03 MEI

ONZE NATUUR

Koekoeksspuug

Wat mensen niet meteen kunnen verklaren, belonen ze vaak met een tot de verbeelding sprekende naam. Dat gebeurde ook met 'koekoeksspuug', een schuimachtige substantie die in mei – schijnbaar tegelijk met de roep van de koekoek – in het natuurbeeld opduikt. Met de koekoek hebben deze schuimklodders echter niets te maken: het zijn de vrolijke nestjes van een **schuimbeestje** of **schuimcicade**.

De larven van deze kleine insecten vormen plantensappen om tot een stevige, zeepachtige substantie waar ze lucht in pompen. Het resultaat is een lang houdbaar schuim dat hun larven beschermt tegen uitdroging en hongerige vogels. Soms zijn ze zo ijverig met schuim produceren, dat het uit de bomen naar beneden sijpelt. En dan lijkt het écht alsof een vogel op je gespuugd heeft!

30 AUGUSTUS

Riet plooit, maar knakt nooit

Een van de meest karakteristieke waterplanten in onze natuur is riet. Het is de grootste grassoort die van nature voorkomt aan de waterkant, langs akkerranden en soms ook in vochtige bossen. De paarsbruine pluimen die wuiven in de wind heb je vast wel al eens gezien, toch? Riet is naast een esthetische, vooral ook een superstevige plant. Een rietstengel knakt nooit omdat de plant zo extreem buigzaam is. De plant, die deels boven water en deels onder water in dikke rijen groeit, vormt daardoor een uitstekende nestplaats voor allerlei vogels en waterdieren. Zelfs de holle stengels worden bewoond door allerlei insecten.

Ook de mens ontdekte al snel het nut van deze superstevige en flexibele grassoort. Riet wordt jaarlijks gemaaid voor allerlei doeleinden. De oude rietstengels die in de winter overblijven, worden gewonnen om daken te bedekken of om manden van te maken. Veel langer geleden werd riet ook gebruikt om pijlen en speren te maken. Ook in de muziekwereld is riet niet weg te denken. In elk orkest vind je wel een aantal 'rietblazers'. Bijvoorbeeld iemand die klarinet speelt, gebruik pijlriet in het mondstuk van zijn instrument om de juiste noten te kunnen spelen. Knap, toch?

04 MEI

ONZE NATUUR

De ultieme sabotage

De **koekoek** is onze enige vogel die zijn eieren door iemand anders laat uitbroeden. Een gemakkelijkheidsoplossing? Helemaal niet! Broedparasieten moeten erg vernuftig te werk gaan om hun waardvogels om de tuin te leiden. Dit zijn de kneepjes van de koekoek:

— Met zijn dwarsgestreepte buik lijkt de koekoek op een sperwer. Zo jaagt hij kleine zangvogels weg om een ei in hun nest te deponeren.
— Een koekoeksvrouwtje legt eieren die perfect lijken op die van haar waardvogel. Sommige koekoekseieren zien eruit als die van een roodborst, andere imiteren moeiteloos een heggenmus- of karekietei.
— Na het eierleggen telt ma koekoek de eieren in het nest nog even na. Er moeten exact zoveel eieren in het nest liggen als bij aankomst, dus stelt ze alles in het werk om er eentje te laten 'verdwijnen'...
— Het koekoeksjong komt al na twee weken broeden uit het ei, waarna hij de overige eieren – of kuikens – meedogenloos uit het nest wipt. Zo verdwijnt al het voedsel dat zijn piepkleine ouders aandragen in zijn eigen, schijnbaar bodemloze maag.

29 AUGUSTUS

ONZE NATUUR

Bed and breakfast 'Bij de mier'

Mieren staan erom bekend zich erg vijandig op te stellen naar mieren van een andere kolonie of soort. De uitzondering die de regel bevestigt: bosmieren, die heel gastvrij kleine kolonies van de glanzende gastmier ontvangen. Die laatste soort kan zelfs niet overleven zonder de accommodatie van een bosmierennest! Wanneer hun gastvrouwen verhuizen, verhuizen de kleine huurders simpelweg mee naar een nieuwe locatie.

Hoe de samenwerking verloopt, weten we nog niet precies. De glanzende gastmier heeft binnen de bosmierenkoepel haar eigen broedkamer, waarin ze larven grootbrengt. Zelf gaat ze niet op zoek naar voedsel, dat weet ze op een vriendelijke manier te ontfutselen aan bosmierwerksters die terugkeren van een strooptocht. Gelukkig is de glanzende gastmier een bescheiden gast: haar kolonie telt niet meer dan een honderdtal mieren. Zo wordt het leven van haar gigantische gastvrouwen nooit bedreigd door haar bescheiden aanwezigheid.

05 MEI

ONZE NATUUR

Achter de schermen: broedzorg bij het stekelbaarsje

Cameraman Dick Harrewijn: 'Op zoek naar een locatie om de stekelbaars te filmen, gaf Tom Verschraegen van het Agentschap voor Natuur en Bos ons de raad om naar de Dommel te rijden, een beek die in de Belgische Kempen ontspringt en over de grens naar Nederland loopt. Na een lange periode van vervuiling is deze beek zich langzaam weer aan het herstellen, al wordt er nog steeds rioolwater in geloosd, zoals dat op veel plekken in België gebeurt. Maar omdat de stekelbaars een trekvis is, die ook in zuurstofarm water kan overleven, is deze omgeving voor hem best leefbaar.

En wat bleek toen we een onderwatercamera in de beek lieten zakken? Er zaten wel duizenden stekelbaarsjes in! Bij deze kleine visjes neemt het mannetje de broedzorg volledig op zich: hij bouwt een nestje, lokt er een vrouwtje naartoe, verzorgt de eitjes en daarna ook de jonkies. Aan de hand van de stekelbaarspopulatie in de Dommel heb ik dat hele verhaal in beeld kunnen brengen voor de documentaire. Heel mooi om te zien!'

28 AUGUSTUS

ONZE NATUUR

Sympathieke moordenaar

Misschien associeer je dolfijnen eerder met exotische vakantiebestemmingen, maar ook voor onze eigen Noordzeekust durven deze gestroomlijnde walvisachtigen de gekste capriolen uit te halen. De **tuimelaar** is na een lange afwezigheid stilaan terug van weggeweest en zoekt dikwijls zelfs bewust het gezelschap van duikers en vissersboten op. Laat je echter niet beetnemen door de eeuwige 'glimlach' op zijn snoet: die sympathieke dolfijn kan zich ontpoppen als een meedogenloze jager.

Tactiek nummer één: een grote groep tuimelaars omringt het weerloze slachtoffer, zodat het geen schijn van kans meer heeft. Tactiek nummer twee: hij jaagt de prooi richting het strand of een zandbank, zodat die op het droge komt te liggen, waar de tuimelaar zich zonder moeite op zijn middagmaal kan storten. Die laatste optie is meteen ook de meest riskante voor de jager in kwestie, want niet zelden strandt een tuimelaar zelf tijdens zo'n strategisch geplande moordpoging.

06 MEI

ONZE NATUUR

Ondoor(n)dringbare prikkeldraad

De naam **'meidoorn'** verraadt hoe hij eruitziet: deze fleurige boom uit de rozenfamilie heeft grote stekelige doorns aan zijn takken. Vroeger maakten boeren handig gebruik van de doornige, ondoordringbare boom. Ze plantten meidoorn als natuurlijke prikkeldraad rond hun weides om het vee bij elkaar te houden. Om diezelfde reden is de meidoorn populair als vogelnestplaats. De dichte takkenstructuur en doornen bieden de ideale bescherming tegen ongewenste gasten. Maar de meidoorn is nog veel meer dan een natuurlijk pantser. In mei schitteren de prachtige witte bloesems in de zon. Wacht je nog een paar maanden langer, dan zie je de metamorfose van de meidoorn: van augustus tot december bungelen er vuurrode, ronde bessen aan de takken. Prachtig om naar te kijken, maar helaas niet zo lekker om rauw op te eten. Laat dat dus maar aan de vogels over.

27 AUGUSTUS

Natuursnoepjes plukken

Rond deze tijd hangen verse bramen en andere bessen voor het plukken in onze natuur. Voor je een hele struik leegrooft: eigenlijk mag je in onze bossen geen vruchten plukken. Wil je toch eens proeven? Denk dan eerst aan alle hongerige vogels, insecten en andere bosbewoners die van de bessen leven en pluk met mate.

Nog een goede tip: pluk op heuphoogte. Alles wat lager hangt, kan gevaarlijk zijn. Er kunnen eitjes van de vossenlintworm aan kleven en honden durven ook wel te plassen op lage struiken. Het best van al is op zoek gaan naar een sneukelpad, voedselbos of belevingsboomgaard bij jou in de buurt. Op deze plaatsen is het wel toegestaan om te plukken. Of je plant een struik in de tuin natuurlijk. Smakelijk!

07 MEI

Vogel zonder poten

Elk jaar heb je drie maanden de tijd om de **gierzwaluw** of 'honderd-dagen-vogel' te zien gieren door de stad. Meestal duikt hij tussen half april en begin mei op om hier te broeden, om in juli alweer naar Zuid-Afrika te verkassen. Buiten de broedtijd vertoeft de gierzwaluw het liefst zo lang mogelijk in de lucht – soms landt hij geen enkele keer in tien maanden tijd! Dat leverde hem de bijnaam 'vogel zonder poten' op, al klopt die veronderstelling niet helemaal. Zijn korte pootjes zijn vooral handig om zich vast te klampen aan muren of andere verticale oppervlakken. Op de grond tref je de gierzwaluw zelden aan, want lopen of zelfs maar rechtop staan behoort niet tot zijn sterkste punten. Wanneer hij het luchtruim kiest, laat hij zich het liefst in de vlucht 'vallen' vanaf een hoogte om meteen vaart te maken.

26 AUGUSTUS

Achter de schermen: niet iederéén beroemd

Camera-assistent Mees Swinkels: 'Naast de documentaire heb ik met Pim ook twee seizoenen van *Iedereen beroemd* gefilmd. Tijdens het voorjaarsseizoen van dat goedbekeken programma hadden we twee jaar lang een wekelijks item van drie minuten. Terwijl Pim de show stal als presentator en steeds vaker op straat herkend werd, stond ik meestal achter de camera. Geen beroemdheid voor mij, dus… Gelukkig kreeg ik op een dag ook een kans op mijn *fifteen minutes of fame*.

Voor een stukje over het filmen van **wespen** zou ik wél in beeld komen. Ik was er helemaal klaar voor: mijn haar zat goed en ik had mijn beste outfit aan. Helaas kon het niet méér misgaan dan het deed… Ik werd twee keer in mijn gezicht gestoken door de wespen! In een mum van tijd was mijn gezicht zo opgezwollen dat ik amper nog kon praten. Het enige wat ik op beeld kon zeggen over mijn steken was: "Fijn, dit…" En ja hoor, de weken daarna werd ik meteen herkend. "Hoe gaat het met je?", "Geneest het een beetje?", "Het zag er niet goed uit!" Ik had me beroemd zijn toch anders voorgesteld…'

08 MEI

ONZE NATUUR

Achter de schermen: nieuwsgierig stadsvosje

Camera-assistent Jeffrey van Houten: ‘Samen met Dick en Daniël vatte ik ’s nachts post op de terreinen van de VRT om een familie **stadsvossen** te filmen. We wisten dat er tegen het VRT-gebouw een burcht was met twee jongen: een bangerik en een onverschrokken welpje. In een poging om de bedrijvigheid in de buurt van dat vossenhol in beeld te brengen camoufleerde ik mezelf achter twee containers, midden op straat.

Die ene avond kwam de moervos (het vrouwtje) een paar keer voorbijgetrippeld, maar daarna bleef het stil. Heel stil. Maar liefst tweeënhalf uur was er geen enkele beweging te zien. Tot ik plots vanachter een struik het moedige vosje in de gaten kreeg. Dat gevoel was wederzijds, want hij wilde mij duidelijk beter leren kennen. Het nieuwsgierige ukje kwam steeds dichterbij, vlak voor mijn neus, tot 2,5 meter van mijn lens! De vossenmoeder vond dat duidelijk niet zo’n strak plan, want ze kwam van in de verte aangerend om haar kwajongen tot de orde te roepen en terug naar de burcht te begeleiden. Dat intieme moment, in volle coronatijd midden in de nacht in hartje Brussel, leverde echt wondermooie beelden op.’

25 AUGUSTUS

ONZE NATUUR

Vijfarmige mosselfan

Dacht je dat je **zeesterren** alleen tegen het lijf kunt lopen, eh... zwemmen tijdens een duikvakantie op een exotisch eiland? *Think again!* De gewone zeester is een heel alledaagse bewoner van onze Noordzeekust. Je herkent hem aan zijn vijf armen en zijn harde huid met stekelachtige bultjes, die meestal rood of oranje van kleur is, maar soms ook paars kan zijn. Omdat hij verzot is op mosselen, kun je hem vooral terugvinden op mosselbanken en in getijdengebieden, op stenen en rotsen.

Ben je nog niet zo onder de indruk van zijn bijzondere verschijning? Wacht dan tot je hoort hoe een zeester zijn middagmaal verorbert. Eerst glijdt hij langzaam met zijn lichaam over de prooi – de monddelen van een zeester zitten immers aan de onderkant van het dier. Vervolgens wrikt hij de schelp van het schaaldier open, waarna hij zijn maag naar binnen stuwt, het weekdier opzuigt en zijn maag weer terugtrekt. Jakkes!

09 MEI

ONZE NATUUR

Bladluizenboerderij

Op het menu van de **wegmier** staan onder andere rupsen, kevers, vliegjes, en zelfs andere mieren. Maar het meest geliefd is de verslavende honingdauw, uitgescheiden door bladluizen Dat suikerrijke goedje scheiden de bladluizen uit wanneer de mieren ze 'melken' met behulp van hun voelsprieten. In het voorjaar brengen de herderwerksters hun bladluizen naar sappige bomen, in het najaar duikt het groenvee mee in het mierennest om te overwinteren.

24 AUGUSTUS

Gelukkig is er 'duivenmelk'

Een beetje 'klungelig', zo zou je de verwoede pogingen tot voortplanting van de **houtduif** kunnen omschrijven. Deze bosbewoners slagen er vaak niet in om hun broedsels groot te krijgen, simpelweg omdat hun bouwkunsten te wensen overlaten. Niet dat ze er geen moeite voor doen: ze werken hard aan een toekomstige woning voor hun kroost. Toch dondert het hele gedoe niet zelden naar beneden, bijvoorbeeld omdat de uitgekozen steuntak bezwijkt onder het gewicht.

Om hun ondermaatse aannemerschap te compenseren doen houtduiven aan risicospreiding. Ze leggen slechts één of twee eieren per keer, maar doen dat wel tot zes keer per jaar – ook in de winter. Maar wanneer het zo koud is, zijn er niet genoeg eiwitrijke insecten om aan hun jongen te voeren. Om hun nakomelingen toch een voedzame start te geven, maakt zowel het vrouwtje als het mannetje 'duivenmelk' aan: een energierijke, melkachtige vloeistof die in de krop ontstaat. Een evolutionair hoogstandje!

10 MEI

ONZE NATUUR

Natuurgebied van de maand: les Deux Ourthes

Dit gigantische natuurgebied strekt zich uit over 76.000 hectare – ofte vijftien Zoniënwouden groot. Bijzonder zijn de steile leisteenrotsen, waartussen de Oostelijke en Westelijke Ourthe meanderen. De V-vormige vallei is hier zo smal dat wegen, dorpen en landbouw er geen voet aan de grond kregen. Alleen een avontuurlijk wandelpad – smeer je benen in voor véél hoogtemeters – kronkelt zich een weg langs de soortenrijke oevers.

In deze waterrijke biotoop kun je op zoek gaan naar bevers en hun opvallende bouwwerken. Wanneer de dagen het langst zijn, is de kans op een ontmoeting het grootst. Bevers verkiezen nacht en schemering, maar komen vroeger uit hun kot wanneer de donkere uren schaars zijn.

Het park strekt zich uit over zes gemeenten. Vertrekken kan onder andere aan het Maison du Parc naturel des deux Ourthes, Rue de La Roche 8, 6660 Houffalize.

23 AUGUSTUS

ONZE NATUUR

Vleermuizen welkom!

Vooroordelen alom over deze vliegende zoogdieren, maar eigenlijk zijn het supernuttige beestjes om in je tuin te verwelkomen. Onze inheemse nacthvliegers zijn vooral verlekkerd op insecten, spinnen en andere ongewervelden. Op één nacht tijd werken ze gemakkelijk een derde van hun lichaamsgewicht aan insecten naar binnen – bij drachtige en zogende vrouwtjes kan dat oplopen tot de helft van hun massa.

Onder natuurliefhebbers krijgen vleermuizen een belangrijke status toebedeeld: die van 'paraplusoort'. Maatregelen die in het leven geroepen zijn voor de bescherming van zo'n paraplusoort (in dit geval: paraplusoorten), helpen ook andere organismen vooruit. Vleermuizen kunnen immers enkel floreren wanneer ook de insecten die zij eten het goed doen én wanneer ze een geschikte habitat vinden om zich in voort te planten.

Fladdert er in jouw tuin een vleermuis rond? Dan is de kans groot dat het een 'gewone dwergvleermuis' is, de meest voorkomende van onze 24 vleermuissoorten. Deze kleine vleermuis heeft een spanwijdte van ongeveer 20 centimeter, maar weegt slechts evenveel als een klontje suiker. Ze is minder lichtschuw dan andere soorten en jaagt op insecten die rond lampen zwermen.

11 MEI

ONZE NATUUR

Op zoek naar geluk

De **witte klaver** is een klein, wintergroen plantje dat niet weg te denken is in graslanden. Van mei tot oktober verschijnen de witte, bolvormige bloemen. Die lange bloeiperiode is enorm belangrijk voor honingbijen, die voor de bestuiving zorgen, en allerlei vlinders die de witte klaver als waardplant gebruiken. Onder andere het icarusblauwtje, de heivlinder en de gele en oranje luzernevlinder bezoeken de klaverplant. Pluk de witte klaver dus niet, tenzij hij vier blaadjes telt. Dan heb je geluk!

Dat we een klavertjevier associëren met geluk is te danken aan de zeldzaamheid ervan. Witte klaver met vier bladeren ontstaat door een mutatie, een fout in de genen van de kleine plant. Het loont dus de moeite om verder te zoeken als je één exemplaar vindt. Omdat de gemuteerde genen zich verspreiden, staan er meestal nog veel meer klavertjesvier in de buurt. En als je écht geluk hebt, stoot je ooit misschien op een nog specialere klaver: eentje met vijf, zes of zelfs zeven bladeren.

22 AUGUSTUS

ONZE NATUUR

Libelletandem

Twee libellen die synchroon achter elkaar aan vliegen zijn echt wel bezig met wat we allemaal denken maar niet hardop durven te zeggen: seks. Het mannetje grijpt met zijn achterlijf zijn uitverkorene stevig vast achter de kop, waardoor ze niet anders kan dan gewillig met hem meevliegen. Wanneer zij op haar beurt haar achterlijf naar zijn onderkant brengt, ontstaat het bekende 'libellehart': een standje dat zo in de Kamasutra kan. Voor het zover is kunnen komen, heeft het mannetje trouwens al een pakketje sperma van zijn achtereinde naar zijn onderkant overgebracht. Daar zit het 'secundaire geslachtsorgaan', met een ingebouwd borsteltje dat zaad van voorgangers verwijdert voor hij zijn eigen kwakje bij het vrouwtje achterlaat.

12 MEI

ONZE NATUUR

Allergisch voor bruggen

Ben jij zo iemand die het uit bijgeloof vertikt om onder een ladder door te wandelen? Dan weet je misschien wel hoe de **otter** zich voelt. Raar maar waar: een otter zul je niet snel onder een brug door zien zwemmen. Terwijl wij een brug gebruiken om aan de overkant van een rivier of beek te raken zonder onze voeten nat te maken, klimt de otter uit het water om via de oever de brug dwars over te steken en aan de andere kant weer het water in te duiken. Behalve ietwat vreemd is dit gedrag ook niet geheel risicoloos te noemen. Tijdens dit manoeuvre raken otters namelijk regelmatig betrokken bij een aanrijding.

Om toekomstige verkeersslachtoffers te voorkomen kan het aanleggen van droge looprichels onder bruggen een oplossing bieden. Want zwemmen onder een brug doet de otter misschien niet, maar eronderdoor wandelen lijkt hij geen probleem te vinden. Zo'n ottercorridor in combinatie met wildrasters die de toegang tot de openbare weg op de brug blokkeren, dwingt de otter om een alternatieve route te gebruiken. En ook de overlevingskansen van andere wilde dieren, zoals marters, eekhoorns en egels, nemen gestaag toe dankzij deze ingreep.

21 AUGUSTUS

ONZE NATUUR

Verken de Hoge Kempen

Momenteel telt België nog maar één Nationaal Park: de Hoge Kempen in Limburg.

Hier vind je zowat alle landschapstypes op een oppervlakte die kleiner is dan het Groothertogdom Luxemburg. Sterk, toch? Uitgestrekte naaldbossen worden afgewisseld met paars bloeiende heide en zanderige duinen, op de top van de mijnbergen heb je een prachtig uitzicht over de 60 meter diepe Maasvallei, en het reliëfrijke landschap is bezaaid met rivieren en grote waterplassen als overblijfselen van de jarenlange grind- en zandwinning. Die waterrijkdom en variatie maken van de Hoge Kempen een populaire uitvalsbasis van visetende kolonievogels zoals aalscholvers en blauwe reigers. Ook op het land kom je unieke soorten tegen. Noorse fjordenpaarden, konikpaarden, angusrunderen en ezels helpen hier de natuur te beheren. En waar meer dan 25 jaar geleden de steenkoolmijn van Eisden nog in gebruik was, fladderen nu allerlei zeldzame vlinders rond.

13 MEI

ONZE NATUUR

De allersnelste

Maak kennis met de snelste vogel van de wereld. De **slechtvalk** haalt tijdens zijn spectaculaire duikvluchten snelheden tot bijna 400 km/u! En dat doet hij niet boven afgelegen bossen of uitgestrekte weilanden... Deze waanzinnige roofvogel paste zich aan het stadsleven aan.

20 AUGUSTUS

ONZE NATUUR

Alle kleuren van de regenboog?

De zomer is veruit de kleurrijkste periode van het jaar. Ga maar eens de deur uit en kijk naar rechts, naar links, naar boven en naar beneden. Welke kleuren zie je allemaal? Geel, groen, rood... Dat is logisch, want het zijn allemaal veelvoorkomende tinten in de natuur. Als je een regenboog zou willen maken, is één kleur echter moeilijker te vinden. Blauw is het minst voorkomende pigment bij planten en dieren. Maar wie goed zoekt, die vindt! Onder andere de korenbloem, de ooievaarsbek, het vergeet-mij-nietje en de herfstaster komen wel in blauwtinten voor. Maak er meteen een leuke uitdaging van: wie vindt als eerste alle kleuren van de regenboog in de natuur?

14 MEI

ONZE NATUUR

Achter de schermen: *one for the team*

Camera-assistent Mees Swinkels: 'Om een documentairereeks zoals *Onze Natuur* in elkaar te boksen, heb je een groot team nodig waarin iedereen met passie en toewijding tot het gaatje gaat voor het allerbeste resultaat. Een goed voorbeeld daarvan is het filmen van de **lentevuurspin**. Pim en ik zijn erin geslaagd om iets te filmen wat nog nooit iemand heeft gezien: de paring. Die vindt namelijk plaats onder de grond, in een klein spinnenholletje.

Een onmogelijke klus? Niet met dit superteam! Wij konden rekenen op de hulp van spinnenexperts Koen Van Keer en Ward Walraven, die de lentevuurspin herontdekten toen ze in België uitgestorven gewaand was. In naam van de wetenschap bracht hij voor ons een paartje naar zijn achtertuin. En ook collega Daniël verdient lof: hij fabriceerde – na vele weken van trial-and-error – een constructie waarin het vrouwtje ongestoord in haar holletje kon leven, terwijl wij stiekem door een glazen plaat getuige konden zijn van de spinnenseks. Een ongezien fenomeen, dat we, dankzij een geweldige teamprestatie, prachtig in beeld konden brengen.'

19 AUGUSTUS

ONZE NATUUR

INTERNATIONALE DAG VAN DE FOTOGRAFIE

De beste wildlife-foto

Oog in oog staan met wildlife is een moeilijk te evenaren hoogtepunt voor natuurliefhebbers. Als je die bijzondere ontmoeting dan ook nog eens op de gevoelige plaat kunt vastleggen, is het feest helemaal compleet. Alleen staan die wilde dieren meestal niet in een rijtje aan te schuiven om zich te laten fotograferen... Was je al enkele keren tevergeefs voor dag en dauw uit de veren om vervolgens van een kale fotografiereis terug te keren? Dan kan een wildcamera – ook wel cameraval of *trail cam* genoemd – misschien *the next best thing* zijn.

Je hoeft geen professionele natuurfotograaf te zijn om zo'n wildcamera in elkaar te knutselen. Tegenwoordig kun je online best betaalbare modellen voor thuisgebruik vinden. Wil je ook nachtbeelden maken, dan kun je het best zoeken naar een toestel met een goede infraroodverlichting. Vertrouw je het niet om je apparatuur ergens te velde achter te laten? Maak dan een opstelling in je eigen achtertuin en kom zo te weten welke bezoekers daar zoal passeren. En richt je camera af en toe eens naar een andere hoek, zo ontdek je al snel de drukste 'olifantenpaadjes' in je tuin.

15 MEI

ONZE NATUUR

EINDE VAN IJSHEILIGEN

(Hopelijk) geen vorst meer

Vandaag is de laatste dag van de ijsheiligen: vanaf morgen hoeven we in principe geen nachtvorst meer te vrezen. Alhoewel... Sinds de klimaatverandering een versnelling hoger is geschakeld, kan het weer vandaag meer dan ooit een loopje nemen met de klassieke spreuken op onze Druivelaarkalender. Maar geef toe, wie heeft er nu nog zin in sneeuw en ijs?

Ook voor de natuur zou zo'n late winterdip geen goed nieuws zijn. Dieren die een winterslaap houden, zijn daar inmiddels uit ontwaakt en hebben dringend voedsel nodig om weer aan te sterken. Als het kwik midden in die periode weer de dieperik in duikt, hebben ze nog niet genoeg tijd gehad om hun reserves weer aan te vullen. Een nieuwe winterslaap is dus een absolute no-go. Als de bodem dan ook nog eens bedekt raakt met een laag sneeuw, valt er al helemaal niks te bikken.

De plantenwereld komt er al niet beter van af. Midden mei staan er al heel wat planten in bloei, wat ze extra kwetsbaar maakt voor vrieskou. Bevroren bloemen kunnen zich nog herstellen na de dooi, maar de kans dat er dan nog vruchten aan de plant komen, is miniem. Duimen dus dat die winterprik achterwege blijft!

18 AUGUSTUS

ONZE NATUUR

Evolutionair hoogstandje

Van de **kruisbek** kun je echt zeggen dat hij zijn naam niet gestolen heeft. Zijn bovenste en onderste snavelhelft staan gekruist ten opzichte van elkaar. De resulterende bek vormt een vernuftig stuk gereedschap om dennenappels te strippen. De kruisbek wringt zijn snavel tussen twee schubben en duwt met de ondersnavel een schub open. Daardoor splijt de schub in tweeën en komt de onderliggende dennenpit bloot te liggen. Met zijn tong wrikt hij de zaadjes een voor een los. Wat overblijft is een ordelijk leeggegeten dennenappel. Die restanten kun je terugvinden onder coniferen, waar de vogel zijn 'lege bord' simpelweg naar beneden laat vallen.

16 MEI

ONZE NATUUR

Het groene-kikkercomplex

In ons land komen drie groene kikkers voor die je in deze periode kunt horen kwaken: de inheemse **poelkikker** (kleine groene kikker), de exotische **meerkikker** (grote groene kikker) en de kruising tussen die twee: de bastaardkikker (middelste groene kikker). Ondanks het verschil in grootte zijn ze moeilijk uit elkaar te houden. De bastaardkikker is een vruchtbare hybride die met beide oudersoorten kan paren, maar daarbij één genenset van zijn ouders uitschakelt, zodat zijn nakomelingen opnieuw uitgroeien tot bastaardkikker. Zuivere populaties van de poelkikker zijn dan ook erg zeldzaam geworden, want de bastaardkikker beconcurreert zijn ouders op meedogenloze wijze weg op genetisch vlak.

17 AUGUSTUS

ONZE NATUUR

Mouwplakker

Als er één wilde plant is die letterlijk in je (koude) kleren blijft zitten, dan is het **kleefkruid** wel. Dit groene kruid met vierkante stengels groeit in voedselrijke bossen en langs akkers. De kans is heel groot dat je kleefkruid tegenkomt tijdens een wandeling, en die ontmoeting blijft letterlijk en figuurlijk hangen. Met zijn duizenden kleine stekelharen, die lijken op weerhaakjes, klampt deze plant zich vast aan alles en iedereen: de vacht van een dier, de jas van een wandelaar... Doe zelf maar eens de test: hang zo veel mogelijk stengels aan je mouw of kleef onopgemerkt een plantje op iemands rug. Plezier gegarandeerd tijdens jullie tocht door het bos, en zo helpen jullie meteen ook met de verspreiding van kleefkruid.

17 MEI

ONZE NATUUR

Mannelijke zwangerschap

Het **zeepaardje** een exotische soort? Nee hoor, ook in onze eigen Noordzee zwemmen deze bijzondere diertjes rond, met name het kortsnuitzeepaardje en het langsnuitzeepaardje. Met hun speciale uiterlijk – een spitse snuit en botachtige platen die het lichaam bedekken – lijken ze wel een soort op zich, maar toch vallen ze onder de familie van de vissen.

Waar zeepaardjes natuurlijk vooral om bekendstaan, is hun speciale manier van voortplanten. In tegenstelling tot de meeste andere diersoorten op onze planeet is de zwangerschap bij het zeepaardje een mannelijke aangelegenheid. Het vrouwtje deponeert haar legsel in zijn broedbuidel, waarna hij de eitjes bevrucht en zich erover ontfermt tot ze uitkomen. In de tussentijd is zijn wederhelft alweer druk bezig nieuwe eitjes te ontwikkelen. Veel tijd om een kroostrijk gezin te creëren hebben ze dus niet nodig!

16 AUGUSTUS

ONZE NATUUR

Boomkikker in doornig struikgewas

Met zijn frisgroene kleur en zijn tenen met zuignappen lijkt de **boomkikker** wel weggelopen uit een of ander tropisch regenwoud. Deze beauty is helaas ernstig bedreigd. In België kun je hem maar op enkele plekken in Vlaanderen bewonderen, onder andere in het Zwin (Knokke-Heist), de Vallei van het Merkske (Merksplas), het Maasdal (Maasmechelen) en in het Vijvergebied Midden-Limburg.

De boomkikker brengt het grootste deel van zijn leven aan land door en heeft een voorkeur voor doornige braamstruiken. Met de ogen gesloten zonnend op een braamblad voelt hij zich perfect veilig voor zijn vijanden. Uit zijn tenen kan hij een dun laagje vocht laten stromen, waarmee hij als het ware aan de bladeren blijft 'plakken'. Met zijn lange, kleverige tong vangt hij gewiekst insecten recht-streeks uit de lucht.

Een bijzondere eigenschap van dit coole beestje is dat hij zijn humeur niet kan verbergen. Met zijn kleur – van geelgroen tot bruin – verklapt hij alles, want hoe meer stress de kwaker heeft, hoe donkerder zijn kleur!

18 MEI

ONZE NATUUR

Welk dier eet zichzelf op?

Wanneer een **rups** uit het ei komt, denkt hij maar aan drie dingen: eten, eten en nog eens eten. Hij wil zo snel mogelijk metamorfoseren tot vlinder, maar daarvoor moet hij eerst een aantal keer vervellen. Bij de laatste vervelling *cocoont* hij zichzelf in een vlinderpop. Wat daarin gebeurt, tart alle verbeelding.

Een schare aan verteringsenzymen breekt de rups af tot een vormeloze brij 'rupsensoep'. Het dier eet als het ware zichzelf op! Hier en daar overleven enkele klompjes cellen de apocalyps: zij waren in het ei al voorbestemd om later uit te groeien tot de verschillende organen van de volwassen vlinder. Daarvoor hebben ze de energie die vrijkomt tijdens de rupsvertering broodnodig. Pas wanneer de volledige vlinder bij elkaar gepuzzeld is, kruipt hij uit zijn pop, op zoek naar een partner om zich mee voort te planten.

15 AUGUSTUS

O.L.V.-HEMELVAART / MOEDERDAG

Taxi Mama

Moeders in het dierenrijk hebben het niet altijd makkelijk. Maar als we inzoomen op de spinachtigen, dan is er één soort die er toch met haar kop en acht schouders boven uitsteekt: de wolfspin. In tegenstelling tot veel andere spinnenmama's, die hun eitjes gewoon ergens droppen, draagt het vrouwtje van de wolfspin al haar bevruchte eieren met zich mee in een zak onder aan haar buik, waar ze ook gaat. *No big deal?* Weet dan wel dat de wolfspin met gemak honderd eitjes of meer kan leggen.

Wanneer al die eieren in het voorjaar uitkomen, klimmen de pasgeboren wolfspinnetjes vervolgens op mama's rug en liften ze met haar mee tot ze oud, wijs en vooral dapper genoeg zijn om de grote, boze wereld op hun eentje tegemoet te treden. Die *coming of age* van haar kroost kan gemakkelijk twee weken of langer in beslag nemen. Van toewijding gesproken!

19 MEI

ONZE NATUUR

Achter de schermen: bad carpool karma

Cameraman Pim Niesten: 'Slechts één keer reden mijn assistent Mees en ik in twee afzonderlijke auto's. Behalve dat het ecologischer is om samen te rijden, is het ook gewoon leuker én functioneler. Die bewuste dag gingen we in de Ardennen bevers filmen op een van onze vertrouwde beverplekken. Niet alleen reden we afzonderlijk, we namen elk ook een andere route. Ik denk dat Mees wilde bewijzen dat die van hem korter zou zijn.

Dikke pech voor hem, want net op die dag zag ik op mijn route een zeldzame **wilde kat**, niet ver van de weg. Ik kon hem geruime tijd jagend filmen. Veel later dan gepland kwam ik aan bij de beverlocatie waar Mees me ongeduldig opwachtte. Ik hield mijn kleine succes nog even voor mezelf en pas toen we met de camera en volledig gecamoufleerd klaarzaten voor de eerste bevers, toonde ik de beelden op de monitor. Door de gesmoorde kreten van ongeloof van Mees lieten de bevers zich die avond net iets later dan gewoonlijk zien...'

14 AUGUSTUS

WERELD HAGEDISSEN DAG

Hagedis zonder pootjes

Elke soort heeft zo zijn buitenbeentjes... En soms hebben ze zelfs helemaal geen beentjes! Wie op zoek gaat naar informatie over de **hazelworm**, moet in de *Grote Dierenencyclopedie* niet bladeren naar de categorie 'wormen' of 'slangen'. Deze grijsbruine sliert van zo'n 30 centimeter lang is namelijk niets minder dan – jawel – een pootloze **hagedis**.

Op het eerste gezicht merk je niet veel verschil met een slang, maar de bouw van de hazelworm is net iets steviger en hij beweegt zich ook niet zo sierlijk voort. In tegenstelling tot een slang heeft hij bovendien geen inkeping aan de voorkant van zijn bek en zijn tong is wat minder 'gevorkt'. Wil je een hazelworm spotten? Trek dan eens naar het bos op een regendag na een lange periode van droogte. Dan gaat hij op zoek naar een smakelijk maaltje van slakken en regenwormen. Jammie!

20 MEI

WERELD BIJEN DAG

SOS wilde bijen

Wist je dat er maar liefst 403 bijensoorten in België voorkomen? En dat meer dan de helft van al die soorten min of meer bedreigd is? Dat is een groot probleem, want zonder deze ijverige bestuivertjes moeten we niet alleen afscheid nemen van heel wat vertrouwde voedingsmiddelen in onze voorraadkast, maar zakt ook de wereldwijde biodiversiteit in elkaar als een pudding. Wat kun je zelf ondernemen om de bijen te redden?

Eerst en vooral: een imkerpak kopen en een honingbijenvolk aanschaffen zal niet veel verschil maken. Het zijn immers de wilde bijen die onze hulp kunnen gebruiken. Als je de kwartelkoning van de uitsterving wilt redden, begin je toch ook geen kippenkwekerij? Een bijenhotel ophangen is een mooi initiatief, maar als je weet dat 70% van de bijensoorten in een hol onder de grond woont, zet je daar dus ook geen zoden mee aan de dijk.

Deze reddingsacties hebben wél effect:
— Tover je tuin om in een gevarieerde wildernis, vol inheemse bloemen en ruige plekjes.
— Laat de grasmaaier wat vaker op stal en geef bloemen in je gazon de kans om te bloeien.
— Reken af met beton en verharde oppervlakken, zodat de bijen in de grond kunnen nestelen.

13 AUGUSTUS

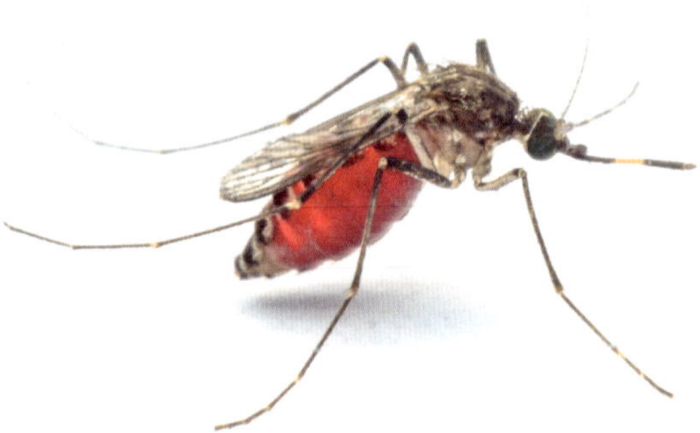

Muggen zijn vegetariërs

Nieuwsflash: muggen hebben helemaal geen mensenbloed nodig om te overleven. Het zijn strikte vegetariërs die zich voeden met nectar. Qué?

Nee hoor, hier bij Onze Natuur hebben we ze wel degelijk nog allemaal op een rijtje. Om te weten waarom muggen als rasechte planteneters toch zo'n grote bloeddorst hebben, moeten we hun voortplanting onder de loep nemen. Wanneer het vrouwtje bevrucht is door een mannetje, heeft ze behoefte aan dierlijke eiwitten om eitjes te kunnen produceren. Met één keer bloed zuigen komt ze drie dagen – en zo'n 300 eitjes – toe.

Van mannelijke muggen hoef je dus geen schrik te hebben, die houden het bij de groene menukaart. Wanneer je heel goed luistert, kun je misschien het geslacht van je ongewenste slaapkamergenoot herkennen. Mannetjes slaan een tikkeltje sneller met hun vleugels dan vrouwtjes en zoemen dus letterlijk 'hoger' van de toren – maar we moeten de eerste mens die het verschil hoort nog tegenkomen...

21 MEI

ONZE NATUUR

EUROPESE NATURA2000-DAG

Drie hoeraatjes voor onze natuur!

Of de natuur ook weleens jarig is, vraag je? Jazeker! Hoewel we onze prachtige leefomgeving uiteraard elke dag in de bloemetjes mogen zetten, werd 21 mei uitgeroepen tot Europese Natura2000-dag. Op allerlei mooie plekjes in ons land kun je vandaag deelnemen aan feestelijke buitenactiviteiten. Geen beter moment dus om je wandelschoenen aan te trekken en een van die unieke, waardevolle natuurgebieden dichtbij of wat verder van huis (beter) te leren kennen!

Wat is het doel van Natura2000? Simpel, dat er in de toekomst geen planten- en diersoorten meer verdwijnen. Met dit grensoverschrijdende netwerk roept Europa de achteruitgang van de natuur een halt toe door actief te werken aan het herstel en de verbetering van de inheemse biodiversiteit.

Het Natura2000-netwerk bestaat uit ruim 27.000 beschermde Europese natuurgebieden – wat zoveel is als 18% van de totale oppervlakte van Europa. Maar ook bij ons bedekt het Natura2000-netwerk al ruim 166.000 hectare van het Vlaamse Gewest. Van De Maten in hartje Limburg tot de IJzervallei in de Westhoek, van het Hallerbos onder onze hoofdstad tot de Kalmthoutse Heide aan de Nederlandse grens: waar je ook woont in Vlaanderen, er ligt altijd wel een Natura2000-gebied in je buurt.

12 AUGUSTUS

ONZE NATUUR

Achter de schermen: zeehonden met gele hesjes en mondmaskers

Camera-assistent Mees Swinkels: 'In mijn ervaring is zeehonden filmen niet zo makkelijk, omdat ze in Nederland enkel op zandbanken weg van de kust komen liggen en dus moeilijk te bereiken zijn. Maar in België verliep het filmen heel wat vlotter dan verwacht. In Oostende komt namelijk dagelijks een groepje zeehonden op het strand uitblazen, net op dat stukje waar jaarlijks heel België komt uitwaaien.

Gelukkig is er het NorthSealTeam, een groep van toegewijde, zorgzame vrijwilligers met gele hesjes en een fluitje. Met lint hebben zij een afgesloten hoekje van 10 bij 10 meter afgezet waar de zeehonden ongestoord kunnen liggen. De nieuwsgierige toeristen met hun blaffende honden lijken ze niet te deren, want dit kleine plekje kiezen ze al jaren uit om te rusten. Op die manier konden we makkelijk dicht bij de dieren komen en hebben we echt mooie beelden kunnen maken. Wel een vreemde ervaring voor een natuurfilmer om met een geel hesje en een mondkapje vanachter een lint te filmen!'

22 MEI

ONZE NATUUR

INTERNATIONALE DAG VAN DE BIODIVERSITEIT

Vogels voor de kat

Wist je dat jouw snoezige huiskat een bedreiging vormt voor de biodiversiteit? Dat klinkt misschien vergezocht, maar dankzij haar jachtinstinct is ze medeverantwoordelijk voor het uitsterven van maar liefst 2 soorten reptielen, 21 soorten zoogdieren en 40 soorten vogels wereldwijd. Met meer dan twee miljoen katten in ons landje lopen er dus een heleboel potentiële massamoordenaars rond, en dat aantal neemt alleen maar toe.

Het zal je niet verbazen dat muizen – waaronder de veldmuis, woelmuis, spitsmuis en huismuis – de populairste prooi van de gemiddelde huiskat zijn, op de voet gevolgd door konijnen en vogels, zoals huismussen, merels en roodborstjes. Een jagende kat is zelfs een van de drie belangrijkste oorzaken van tuinvogelsterfte. De oplossing? Je kat permanent binnenhouden is niet voor iedereen een haalbare optie, maar de verplichte sterilisatie is al een mooie eerste stap om de toenemende kattenpopulatie in te dijken.

11 AUGUSTUS

ONZE NATUUR

De wesp is een meedogenloze muggenkiller

Ontdek je een wespennest op zolder of in je tuinhuis? Wacht nog even met verdelgen, want wanneer ze niet echt in de weg hangen, heb je veel profijt van zo'n leger muggenverdelgers. Want dat zijn ze: een middelgroot wespennest met 5000 werksters plukt dagelijks tot 100.000 vliegen en muggen uit de lucht. Denk daar maar eens aan wanneer je ze weer eens verwijt een barbecue te vergallen!

23 MEI

ONZE NATUUR

Groene kip

De wetenschappelijke naam van het **waterhoen**, *Gallinula chloropus*, kun je letterlijk vertalen als ‘groene kip’. Was de naamgever van deze roodgesnavelde parkvogel dan kleurenblind? Niet helemaal, want het zijn de groene poten van het waterhoen die hem zo in het oog sprongen. Niet alleen hun kleur is speciaal, ook hun vorm en functie zijn atypisch voor een watervogel. Erg snel kan het waterhoen dan ook niet zwemmen, maar hij kan wel als de beste over drijvende planten stappen én in takken klimmen. Dat maakt van deze ogenschijnlijk doodgewone vogel een echte allrounder!

10 AUGUSTUS

Nieuwe huid

Tijdens zijn puberteit heeft de **kleine watersalamander** geen last van groeipijnen, maar wel van een te krappe huid. Net als alle amfibieën en reptielen moet hij dan ook regelmatig vervellen, aangezien zijn lichaam wel groter wordt, maar zijn huid niet meegroeit. Het afwerpen van de oude huid gebeurt ongeveer één keer per week, tot de salamander volgroeid is. Vanaf dan schakelt hij een vervellingsversnelling lager.

Met een ongeoefend oog gaat dat gebeuren volledig aan je voorbij. Omdat de salamander geen schubben heeft, is het oude velletje zo dun dat je dit proces nauwelijks met het blote oog kunt waarnemen. Zeker in het water, want daar wordt het vliesje bijna doorzichtig. Bovendien werkt de kleine watersalamander alle bewijsmateriaal zo snel mogelijk weg door zijn versleten jasje op te eten. *The perfect crime!*

24 MEI

ONZE NATUUR

Speelkriebels

Kriebelt het in je vingers en tenen om naar buiten te gaan met dit mooie weer? Speelnatuur staat garant voor tientallen uren, kilometers en hectare speelplezier. Lees: gras tussen je tenen, zand achter je oren en modder onder elke nagel. In Vlaanderen zijn tientallen natuurzones ingericht als speelzone of speelbos. Dat zijn gebieden waar jong en oud volop mag ravotten, kampen mag bouwen, in bomen mag klimmen en in de aarde mag wroeten. Heel wat speelzones zijn ingericht met houten speeltuigen, klauterstammen en *wiglo's* voor een unieke ervaring in de natuur. Of is een sportief hindernissenparcours meer iets voor jou? Ga dan naar een van de vele Multimovepaden van Natuur en Bos. Scan de QR-code en ontdek de leukste gebieden voor speelvogels in onze natuur.

09 AUGUSTUS

ONZE NATUUR

Lid van de snorrenclub

De mysterieuze **nachtzwaluw** is voor het blote oog haast onzichtbaar wanneer hij zich in zijn natuurlijke biotoop verstopt. Tijdens de balts kun je hem wel metaalachtig horen 'snorren'.

Over snorren gesproken... het lijkt alsof de nachtzwaluw dagelijks uren voor de spiegel staat om zijn wilde snorharen glad te strijken. Hij houdt zijn tastharen in zo'n goede vorm dat Will Smith er geheid jaloers van wordt. Dat doet hij met een speciaal 'teenkammetje': een kamachtige structuur op zijn middelste teen. Handig, zo'n ingebouwde beautycase!

25 MEI

ONZE NATUUR

Grote, vriendelijke reus

De **Europese hoornaar** of **paardenwesp** doet veel mensen huiveren, maar is eigenlijk een vredelievende wesp. Tenzij je té dicht bij haar nest komt, doet ze geen vlieg – eh, mens – kwaad. Meer zelfs, ze mijdt mensen als de pest en blijft dus ver weg van barbecues en limonadefeestjes. Eigenlijk moet je haar nabijheid zelfs toejuichen: de Europese hoornaar is een echte insectenkiller!

Al te vaak wordt onze vriendelijke reuzenwesp verward met de Aziatische hoornaar, nog zo'n grote wesp. Die hoef je als mens evenmin te vrezen, maar ze kan wel een behoorlijke druk leggen op onze honingbijen. Check daarom nu je tuinhuis en carport op beginnende nesten van deze exoot, zodat we met vereende krachten de verspreiding ervan in de kiem kunnen smoren.

08 AUGUSTUS

ONZE NATUUR

INTERNATIONALE KATTENDAG

Wilde kattenstreken

Sinds 2012 is de wilde kat weer terug in Vlaanderen, meer bepaald in Zuidoost-Limburg en de Voerstreek. En dan hebben we het niet over jouw eigen huistijger met haar licht ontvlambare karakter. Hoe kun je een échte Europese wilde kat herkennen?

- De wilde kat heeft een dikke staart met zwarte ringen, die eindigt in een zwarte punt.
- Ze laat zich niet gemakkelijk zien, want de Europese wilde kat is enorm mensenschuw.
- Overdag slaapt ze op een hoge, droge plek en 's nachts gaat ze op jagerspad.
- Ze leidt een solitair bestaan – op 1000 hectare leven maar twee tot vijf wilde katten.
- De kittens van de wilde kat gaan vanaf 10 weken al mee op jacht met hun moeder.
- Behalve een muis, vogel of vis durft ze ook weleens konijnen, hazen of jonge hoefdieren in een hinderlaag te lokken.

26 MEI

Groene lego

De bijzondere opbouw van **heermoes** levert hem een mooie bijnaam op: lego-plant. De speciale sporenplant zit namelijk ingenieus in elkaar. De stengel bestaat uit kleine stukjes die je uit elkaar kunt trekken én weer op elkaar kunt zetten zonder dat de plant stukgaat. De gelede structuur zie je terug in de knoop op de overgang van twee leden. Daarop groeit telkens een krans van vergroeide schubben met tanden, die je als bouwstenen van elkaar kunt trekken. Ook de bladeren van heermoes kun je trouwens gemakkelijk in de lengterichting uit elkaar trekken. Probeer het zelf ook maar eens. Heermoes groeit volop in bermen, moestuinen en plantsoenen. Elk stukje heermoes dat je achterlaat op de grond kan trouwens weer uitgroeien tot een nieuwe plant.

07 AUGUSTUS

ONZE NATUUR

Linde ligt er niet wakker van...

Winterlinde en zomerlinde zijn twee boomsoorten die veel voorkomen in onze natuur. Lindebomen produceren veel nectar en trekken daarmee enorm veel bestuivers en andere insecten aan. Je kent deze boomsoort misschien nog het best van de kalmerende lindethee op basis van de zoete bloesems. Als je de volgende keer zo'n kopje thee naar binnen slurpt voor het slapengaan, denk je hier maar even aan terug: lindebomen liggen niet wakker van de klimaatopwarming. Meer zelfs, ze zouden weleens dé oplossing kunnen zijn.

Waar sommige bomen hete temperaturen niet goed verdragen, doorstaat de kleine linde 44 °C zonder enig probleem. Hij is al volledig ingeburgerd in landen met hete, droge zomers. Ook extreme koude tot -45 °C verdraagt hij prima. Hoe doet hij dat? De kleine linde ontwikkelt zijn knoppen pas heel laat op het jaar en staat vaak pas in bloei als het al hartje zomer is. Op die manier voorkomt de boom dat zijn knoppen afsterven tijdens maartse buien of aprilse grillen. Ook wind en storm weerstaat de kleine linde als geen ander. Met zijn krachtige wortelstelsel klampt hij zich diep in de grond vast. Kortom, een boom die tegen een stootje kan!

27 MEI

Blootsvoets de natuur in

Ook voor de natuur is een kort gemaaid grastapijt iets waar weinig dieren vrolijk van worden. De natuur houdt van afwisseling, van diversiteit, van biodiversiteit! Elke ondergrond heeft zo zijn voordelen: een stukje 'blote' aarde trekt solitaire bijen aan die hun nest maken onder de grond, een dikke laag mulch houdt de bodem nat en los voor allerlei bodemleven, en een nat stukje trekt amfibieën aan. Neem de proef op de som, trek je schoenen uit en ga blootsvoets de natuur in. Wat voel je met je tenen? Gras, mossen, stenen, losse aarde... De afwisselende ondergrond werkt als een lichte voetmassage, vind je niet?

06 AUGUSTUS

ONZE NATUUR

Natuurgebied van de maand: De Liereman (purperen heide)

Wil je genieten van de purperen heide, dan kun je in dit seizoen terecht in Landschap De Liereman, tussen Oud-Turnhout en Arendonk. Je wandelt er door typische Kempense biotopen waarin bos, heide, grasland, vennen en stuifduinen elkaar afwisselen. De natste stukken overbrug je via vlonderpaden – een ervaring die je misschien niet zou verwachten in de Kempen.

Houd je ogen (en oren) open voor bijzondere soorten die het gebied bevolken zoals grijze zandbij, nachtzwaluw, heikikker en wulp. Hou je meer van planten, kun je op zoek gaan naar onder andere wilde gagel – de bekendste plant van het natuurgebied, waarmee lokale brouwers het natuurbier 'Gageleer' brouwen. Proeven (en starten met wandelen) kun je in Bezoekerscentrum De Liereman, Schuurhovenberg 43, 2360 Oud-Turnhout.

28 MEI

Luidste vogel

Onze vogel die de meeste decibels produceert, houdt niet van opvallen. De **roerdomp** is nauwelijks te spotten wanneer hij met zijn prachtig gecamoufleerde verenkleed in 'paalhouding' plaatsneemt tussen het riet. Zijn halsstrepen gaan perfect op in de omgeving en door ook nog eens zachtjes heen en weer te wiegen bootst de vogel een wuivende rietbos na. Maar... spits je oren: met een diep bassende 'hoemp' verklapt de roerdomp toch nog zijn aanwezigheid. De luide baltsroep van het mannetje is tot kilometers ver te horen van begin april tot begin juli, voor het ochtendgloren.

05 AUGUSTUS

Composteer en help de neushoornkever

Heb je een composthoop in je tuin of verzamel je snoeiafval op een grote afvalberg? Dan kun je bij het 'omzetten' weleens op een bende engerlingen stuiten! Die 9 centimeter lange, lichtgekleurde larven zien eruit als een lelijk eendje, maar uiteindelijk groeien ze uit tot mooie zwanen – eh, neushoornkevers. Met hun puntige 'hoorn' lijken de mannetjes gevaarlijke beestjes, maar ze doen geen vlieg kwaad. Je moestuin en grasmat hebben dus niets te vrezen van deze beestjes!

Wil je dit prachtige dier een handje helpen? Voeg dan regelmatig wat houtig snoeiafval toe aan je broeierige composthoop. Vermijd naaldhout, want daar houden deze insecten niet zo van. Heb je je compost nodig en stuit je op een stel bijzondere larven? Geef ze dan een nieuw plekje in een andere broeihoop. Wie weet kun je in de zomermaanden genieten van een prachtige zwerm neushoornkevers rondom jouw privékraamkliniek!

29 MEI

Jaws van den Aldi

In tegenstelling tot op andere plekken in de wereld heb je tijdens een duik in de Noordzee weinig boosaardige zeebewoners te vrezen. Zie je al dobberend op je surfplank plots een haaienvin boven het wateroppervlak uitsteken, dan mag je er vrij zeker van zijn dat er iemand een grap met je uithaalt. Tenzij jij net die ene sporadische passage van een **reuzenhaai** mag meemaken... Geen paniek! Ondanks zijn indrukwekkende omvang en gapende mondholte is de reuzenhaai een doetje eerste klas, die zijn buik enkel vult met plankton.

De meest voorkomende haaien in de Noordzee zijn de hondshaai, de kathaai en de gevlekte gladde haai. Stuk voor stuk soorten die volstrekt ongevaarlijk zijn voor de mens, want op hun menu staan enkel vis en schaaldieren. Bovendien zwemmen ze het liefst in dieper water en hebben ze het niet zo begrepen op de homo sapiens. De kans dat je een *close encounter* met een haaiachtige meemaakt, is – op een enkel aangespoeld exemplaar na – dus miniem.

04 AUGUSTUS

Achter de schermen: een roerdomper op de filmvreugde

Cameraman Pim Niesten: ‘Zomervakantie, stralend weer en een verlengd weekend? Niet het ideale moment om in een kijkhut op boomvalken te zitten wachten. Die dag moesten we ons plekje delen met tientallen fotografen en andere kijklustigen. De hut zat in één woord stampvol. Omdat het er niet naar uitzag dat de boomvalken zich zouden laten zien, namen Yannis en ik plaats helemaal achteraan in de hut, hopend op een mirakel.

Ondanks de drukte was het er bevreemdend stil, je voelde de ingehouden spanning van de tientallen fotografen, hun vingers klaar op de knop. Plots zag ik iets bewegen. “Een **roerdomp**!” fluisterde ik blijkbaar net iets te enthousiast, want de hele hut keek eerst mijn richting uit en vervolgens vol ongeloof naar de plek die ik aanwees. Minuten gingen voorbij in doodse stilte, niemand kreeg het dier in het vizier. Stilaan verslapte de focus, tot ik plots de roerdomp tevoorschijn zag komen, op enkele meters van de hut. “Daar!” fluisterde ik weer. Het was alsof er machinegeweren afgingen: “Klik! Klik! Klik! Klik! Klik!” Yannis en ik stonden erbij en keken ernaar – niet in de mogelijkheid om het wilde tafereel te filmen vanaf de achterste rij.’

30 MEI

ONZE NATUUR

De liefde van de man gaat door de maag

Het mannetje van het **vliegend hert** – met zijn 9 centimeter Europa's grootste insect – heeft kaken om u tegen te zeggen. Ze zien eruit als een hertengewei en ze worden ook gebruikt om rivalen te bekampen. Maar in het dagelijkse leven zijn ze vooral een grote last. Want ze zitten aardig in de weg om aan voedsel te raken. De vrouwtjes kunnen met hun stevige kaken wél door de schors van een eik heen bijten om aan lekker boomsap te raken. Wanneer een mannetje vecht om met een vrouwtje te kunnen paren, hoopt hij er dus ook een lekkere maaltijd bij te scoren!

Vliegende herten brengen het grootste deel van hun leven als larve voor. Bij het begin van de zomer leven ze enkele weken tot twee maanden bovengronds als adult, enkel en alleen om zich voort te planten.

03 AUGUSTUS

Mag ik uw voelspriet?

De **heivlinder** is een echte zonneklopper. Hij houdt van warme plekjes op de zanderige bodems van heide en duinen. Daarom vliegt hij pas in de hoogzomer uit, van begin juli tot midden september. De mannetjes ontpoppen vroeger dan de vrouwtjes en zoeken een geschikt territorium uit, dat ze met harde hand – eh, vleugel – verdedigen. Alleen vrouwelijke heidevlinders worden vriendelijk verwelkomd met een betoverend geurspel.

Dat zit zo: het heivlindermannetje heeft een donkere streep op de voorvleugel die uit feromoonschubben bestaat. Ze scheiden een geur af dat geen vrouwtje kan weerstaan. Door op een speciale manier met de vleugels te wapperen creëert de donjuan een luchtstroom in de richting van zijn vlindermeisje. Zij reageert op het parfum door haar voelsprieten – het geurorgaan van vlinders – naar hem toe te buigen. Als ultieme verleidingstruc omklemt het mannetje haar voelsprieten met zijn vleugels, waarna beide vlinders bereid zijn tot paren.

31 MEI

ONZE NATUUR

De allerkleinste

De kleinste vogel van Europa is het goudhaantje (officieel: **goudhaan**). Hij meet slechts 8,5 centimeter van snavel tot staart, maar met zijn opvallende gele kopstreep kun je er niet naast kijken. Goudhaantjes zijn typisch bewoners van naaldbossen, waar ze hun bolvormige nest bouwen in een fikse spar. Het hele proces van materiaal zoeken (mossen, spinrag, haren, veren...), een nest bouwen en alles isoleren neemt meer dan een maand in beslag. En alsof dat nog niet genoeg is, doen de meeste koppels hun huisje-tuintje-kindje-droom in hetzelfde jaar nog eens over!

02 AUGUSTUS

ONZE NATUUR

Eten zoals je gebekt bent

Veel meer dan welk liedje een bepaalde vogel zingt, verklapt de vogelsnavel het favoriete kostje van zijn eigenaar:

— een kegelsnavel (**vink**, **huismus**): een handige tool om zaden open te breken.
— een pincetsnavel (**roodborst**, **winterkoning**): ideaal om insecten te vangen.
— een priemsnavel (**grutto**, **wulp**): om diep in de grond insecten en wormen te grijpen.
— een dolksnavel (**ijsvogel**, **ooievaar**): een gevreesd wapen om vis te verschalken.
— een zeefsnavel (**wilde eend**, **grauwe gans**): om te slobberen naar plankton.
— een haaksnavel (**uilen**, **roofvogels**): scherp en stevig om vlees aan stukken te rijten.

01 JUNI

ONZE NATUUR

Beekprikkenorgie

Deze bijzondere non-vis – hij heeft schubben noch kaken en zijn skelet bestaat uit puur kraakbeen – brengt de eerste drie tot vijf jaar van zijn leven door als larve in het slib van rivieren. Al die tijd houdt hij zich bezig met eten, maar wanneer de volwassenheid lonkt, stopt hij resoluut met die banale bezigheid. Hoog tijd voor seks! Tijdens zijn metamorfose tot adult ruilt hij zijn spijsverteringsstelsel dan ook in voor een potent geslachtsapparaat.

In mei en juni vindt de paartijd plaats en in het geval van de beekprik leidt dat tot heuse orgieën. De slanke waterdieren planten zich voort in groepen van tientallen individuen en paren tot honderd keer in één etmaal. Het vrouwtje zuigt zich vast aan een kiezelsteen, terwijl het mannetje haar helpt om eieren die hij bevrucht af te zetten in het nest, dat vooraf gegraven werd.

Wel 1500 eieren voor één vrouwtje zijn geen uitzondering. Zodra dat gebeurd is, gaan de paaivissen redelijk snel dood. Ondanks zijn grote voortplantingsdrang heeft de beekprik het moeilijk. Vindt hij geen geschikte paaigrond, gaat de waterkwaliteit achteruit of wordt het leefgebied van zijn larven verstoord, dan is het meteen over en uit voor deze rondbek.

01 AUGUSTUS

ONZE NATUUR

Eerste hulp bij pietermannen

Sinds enkele jaren kun je je blik maar beter aandachtig naar de grond richten wanneer je blootsvoets langs de vloedlijn flaneert. Steeds vaker komen nietsvermoedende pootjebaders aan de Belgische kust in aanraking met de giftige stekels op de rugvin van de kleine pieterman. Door de opwarming van het klimaat durft dit visje namelijk weleens uit te wijken van zijn mediterrane heimat naar de Noordzee. In het zand aan de waterlijn graaft hij zich in, waarna hij op zoek gaat naar kleine bodemdieren en viseitjes.

Wat als je per ongeluk op een **kleine pieterman** bent getrapt? Eerst en vooral: probeer rustig te blijven. Zo'n steek is enorm pijnlijk, maar in het algemeen niet dodelijk. De wond zo snel mogelijk uitspoelen met (zee)-water is de boodschap! Zo kun je alvast zo veel mogelijk van het gif en eventueel achtergebleven weefsel verwijderen. Als je de mogelijkheid hebt, houd je voet dan een kwartier onder warm water of blaas erop met een haardroger – bij temperaturen boven 40 °C wordt het gif afgebroken. Hoe sneller je reageert, hoe minder lang de pijn aanhoudt.

02 JUNI

ONZE NATUUR

Eend zkt. konijnenhol

De **bergeend** is letterlijk een vreemde eend in de bijt. Ze broedt in holen, vaak die van konijnen, en voedt haar kroost op een wel heel speciale manier op. De kersverse ouders nemen de zorg immers niet zelf op, maar vertrouwen hun piepjonge kroost na enkele dagen toe aan het plaatselijke 'kuikendagverblijf'. Dat is een groep van tientallen jonge bergeenden, vergezeld van volwassen verzorgers. Zo kunnen de ouderdieren in alle rust van hun 'ouderschapsverlof' genieten en ongestoord op zoek gaan naar voedsel, terwijl hun kinderen opgaan in de massa en zo minder snel gepakt worden door roofdieren. Een direct voordeel hebben de zelfverklaarde crèchebegeleiders niet, maar ze zijn wel zo gewiekst om hun eigen kroost in het midden van de groep zwemmers onder te brengen...

31 JULI

Rarara, wie is de woelrat?

Zie je een bruin knaagdier in het water zwemmen, dan kun je gemakkelijk een paar keer gokken voor je de juiste soort te pakken hebt. Heeft hij een brede, platte staart met schubben en is hij 70 tot 100 centimeter lang? Dan heb je met een bever te maken. Zie je een dunne staart, witte snorharen en steekt de achterrug een stukje uit het water? Veel kans dat je een beverrat in het vizier hebt. De muskusrat is een stuk kleiner en zwemt met schokkerige bewegingen, waarbij zijn lichaam voor een groot stuk boven het water uitsteekt.

En dan heb je nog de woelrat, de kleinste in het rijtje en familie van de woelmuis. Je kunt zijn uiterlijk het best vergelijken met een bruine rat, maar dan met een stompe snuit en een langere vacht. Net als de muskusrat graaft hij graag gangen in de steile, begroeide oevers van beken en rivieren. Maar nog veel liever maakt hij gebruik van het gangenstelsel van de mol, pal onder je gazon, waar hij aan de wortels van je pas geplante struiken en bomen kan knabbelen. Jammie!

03 JUNI

ONZE NATUUR

Er hangt elektriciteit in de lucht

Hommels hebben hypergevoelige zintuigen. Tijdens hun zoektocht naar nectar gebruiken ze een *superpower* die wij ons niet kunnen voorstellen. Magnetische kristallen in hun lichaam vangen veranderingen in het elektromagnetisch veld rondom bloemen op. Zo kunnen ze detecteren welke bloem al leeggezogen werd door een voorganger en welke nectarbron nog helemaal vol zit.

Hoe kan dat? Met haar snelle vleugelslagen wekt een hommel zelf een elektrische lading op. Die maakt dat tijdens een bloembezoek pollen aan haar pootjes blijven kleven, waardoor de lading van de bloem lichtjes wijzigt. Door te focussen op onaangeroerde bloemen verhoogt de efficiëntie van de hommel en spaart ze kostbare energie.

30 JULI

Achter de schermen: het uur van onze natuur

Cameraman Pim Niesten: 'Als natuurfilmer leef je noodgedwongen op het ritme van de natuur. Afhankelijk van je onderwerp en het verhaal dat je filmt, deel je de dagen en uren in. Omdat de meeste dieren vooral in de vroege uurtjes of pas aan het eind van de middag actief zijn, stel ik me vooral daarop in. Bovendien zijn het licht en de sfeer dan ook het mooist.

Je zult denken: fijn, zo rond de middag een flinke siësta! Het nadeel is – en mijn assistenten zullen dat volmondig beamen – dat ik geen zittend gat heb, tenzij ik dieren film. Mijn systeem kent overdag ook geen uitknop. Dus blijf ik de hele dag bezig en reken ik op de nachtelijke uren voor wat slaap. Mijn troef? Ik functioneer behoorlijk normaal met weinig tot geen slaap en kan dat lang volhouden. In de wintermaanden zijn de nachten te doen, maar in de zomer kunnen ze behoorlijk kort zijn. Mijn kortste nacht bij Onze Natuur? Zo'n twee uur slaap bij het filmen van een kraamkolonie **vleermuizen**!'

04 JUNI

Natuurgebied van de maand: Noordelijk Eiland

In Bornem ontstond een buitengewoon 'natuureiland' tijdens de aanleg van de Nieuwe Zeesluis. Tussen de oude en de nieuwe loop van het Zeekanaal Brussel-Schelde en de Rupel werd plaatsgemaakt voor een divers landschap met poelen, duinen, graslanden en slikken. Behalve wandelaars en fietsers trekt het groene paradijs ook talrijke vogels aan die er komen foerageren, broeden en overwinteren. Tijdens de vogeltrek vormt het Noordelijk Eiland dan weer een belangrijk 'tankstation' voor trekvogels: zij vinden er alles wat ze nodig hebben om even op krachten te komen voor ze verder naar het zuiden trekken.

Wie even van de wereld wil zijn, kan met de veerpont van Wintam naar het Tolhuis varen, waar de rust en stilte van het onbewoonde eiland je opwachten.

29 JULI

ONZE NATUUR

Recht uit het ei

De **levendbarende hagedis** is eigenlijk eierlevendbarend of 'ovovivipaar'. Dat wil zeggen dat de jongen zich volledig ontwikkelen terwijl ze nog in het moederdier zitten en vlak na de geboorte al uit hun ei kruipen. Al moet je je bij dat ei niet al te veel voorstellen, want veel meer dan een dun, doorzichtig vliesje is het niet. Voor een dier dat eieren legt, is deze hagedis met een draagtijd van twee tot vier maanden dan ook opmerkelijk lang zwanger. Na de geboorte van drie tot acht jongen, rond eind juli of begin augustus, staat haar kroost al meteen op eigen benen.

05 JUNI

WERELD MILIEU DAG

Een lekker stukje afval?

Milieuvervuiling heeft niet alleen nefaste gevolgen voor de bodem en het water op onze planeet, ook de dieren zijn vaak het slachtoffer van rondslingerend afval. Iedereen kent inmiddels wel de iconische foto van het zeepaardje dat zich vastklampt aan een plastic wattenstaafje, maar ook dichter bij huis kun je zulke trieste taferelen spotten. Een egel die vastzit in een stuk zwerfvuil of een vogel met een buik vol plastic... en dan hebben we het nog niet over de kolossale hoeveelheden microplastics die in de oceaan ronddobberen.

Wist je dat veel water- en landdieren het onderscheid tussen een lekker hapje en een sigarettenpeuk niet kennen? Hoe meer stukjes afval ze zo onbewust naar binnen happen, hoe meer kans ze hebben om te verzwakken en te verhongeren. Een reden te meer om na je picknick in de duinen of in het bos je afval mee naar huis te nemen of in een vuilnisbak te deponeren!

28 JULI

Too cute to be true

De **hazelmuis** is de kleinste vertegenwoordiger van onze drie slaapmuizen. Met haar grote, zwarte parels van ogen, ronde oortjes en pluizige staart heeft ze een bijzonder hoog schattigheidsgehalte. Met een duim aan beide voor- én achterpoten heeft het diertje ook iets aapachtigs wanneer het door de struiken klimt. Het zeldzame nachtdier kan zich goed verstoppen, dus weinig mensen hebben het geluk er eentje in levenden lijve te ontmoeten.

In glooiend gebied met voedselrijke struwelen kun je de hazelmuis aantreffen. Haar bolvormige, zelfgebouwde slaapnesten vallen misschien nog het meest op – al moet je ook daar goed naar speuren in het dichte struikgewas. Hoe goed je ook kijkt, de ingang krijg je niet te zien: hazelmuizen sluiten de deur netjes achter zich met een plukje droog gras. In het slaapnest wordt 's zomers overdag gedut, maar soms trekt de hazelmuis er zich ook wat langer in terug. Ze gaat dan in een staat van torpor, een soort miniwinterslaap om barre weersomstandigheden te overbruggen.

06 JUNI

ONZE NATUUR

Pijl en boom

De **es** (*Fraxinus excelsior*) is een van onze grootste inheemse bomen met een belangrijke ecologische waarde. Veldmuizen, eekhoorns en vogels als de goudvink voeden zich met zijn zaden, reeën zijn verlekkerd op de jonge scheuten die aan zijn voet groeien en voor een dertigtal vlinders is de es een belangrijke waardplant. Deze notoire bosbewoner is ook een belangrijke gastheer van allerlei paddenstoelen zoals het judasoor. De kans is trouwens heel groot dat je ooit al eens een stuk es in je handen hebt gehad. Het harde hout was vroeger het materiaal bij uitstek om speren en bogen van te maken. Nu wordt essenhout nog steeds gebruikt om handvatten van gereedschap te fabriceren.

27 JULI

Grijze of gewone zeehond?

— De grijze zeehond is **veel groter en zwaarder** (1,8 tot 3,3 meter en 150 tot 320 kilo) dan de gewone zeehond. Die laatste meet slechts 1,5 tot 1,9 meter en weegt 60 tot 120 kilo.

— De grijze zeehond kleurt **donkergrijs tot zwartbruin met lichte vlekken** (mannetjes) of **lichtgrijs met donkere vlekken** (vrouwtjes). Een gewone zeehond herken je aan zijn **grijze tot lichtbruine vacht** met lichtgekleurde vlekken.

— Noch de grijze, noch de gewone zeehond heeft **uitwendige oren**. Ze hebben enkel afsluitbare gaatjes aan de zijkant van hun kop, **zonder oorschelpen**.

— De grijze zeehond heeft een **rechte snuit** die eindigt in een **spitse vorm**, bij de gewone zeehond is de snuit wat **ronder** en 'schattiger' van vorm.

— De **neusgaten** van de grijze zeehond zijn **rechtopstaand** of verticaal georiënteerd, die van de gewone zeehond zijn **V-vormig** geplaatst, zoals bij een hond.

— De **pups** van de gewone zeehond krijgen **geen witte, donzige vacht**, omdat ze in de zomer geboren worden.

— De grijze zeehondenpups komen in de winter ter wereld en hebben dus wel eerst **een bontjasje** nodig.

07 JUNI

ONZE NATUUR

Vermomde bij of bloem?

Het uiterlijk van de **bijenorchis** is op zijn zachtst gezegd opvallend. Je hebt maar een klein beetje verbeeldingskracht nodig om de gelijkenissen met een bij te zien. De vraag is of de bijen zelf daar ook zo over denken. Het gerucht gaat immers dat mannelijke wilde bijen helemaal in de war raken van zo'n stille schone en hardnekkig proberen te paren met de onderste bloemlip van deze goed vermomde orchidee. Nog voor hij zijn vergissing doorheeft, krijgt de bij wat stuifmeel op zijn lichaam gedrukt. Wanneer hij zich door een nieuwe bijenorchis laat verleiden, is de bevruchting compleet – voor de kalkminnende bloem dan toch. De bij liep een blauwtje.

26 JULI

Waar komen al die vliegende mieren vandaan?

In de lente en zomer valt er zoveel te eten dat mierenkolonies letterlijk uit hun voegen barsten. Op dat moment legt de koningin 'prinsesseneitjes' én eitjes met mannelijke mieren – beide komen gevleugeld ter wereld. Ze verlaten de ouderkolonie allemaal tegelijk, de meeste mierenhopen barsten zelfs op hetzelfde moment open. Zo is de kans het grootst dat je als mier een partner kunt vinden van een andere kolonie – zelfs mieren houden niet van incest. De prinsessen vliegen hoog in de lucht en laten een geurspoor van feromonen achter. De mannetjes vliegen hun neus achterna en halen acrobatische toeren uit om te paren in de vlucht. Maar de toekomstige Queen M is kieskeurig: alleen de hoogste en snelste vliegers mogen hun kans wagen!

08 JUNI

ONZE NATUUR

WERELD OCEAAN DAG

Nieuwkomers in de Noordzee

Door de klimaatverandering is de Noordzee de voorbije vijftig jaar één graad warmer geworden, wat een wereld van verschil maakt voor de planten en dieren die er leven. Soorten die houden van een koudere omgeving trekken langzaam maar zeker naar meer noordelijk gelegen wateren, met het ruwpootkreeftje (1000 kilometer) vooraan in het peloton. In totaal is al twee derde van onze traditionele vissoorten, waaronder kabeljauw, tong en schol, 50 tot 400 kilometer noordwaarts getrokken omdat het ze te warm onder hun schubben werd.

Anderzijds mochten we ook al enkele nieuwkomers uit het zuiden verwelkomen. Met de komst van de ansjovis, sardines en tal van inktvisjes baadt de Noordzee vandaag meer en meer in een mediterraan sfeertje. Houd je ogen wel open wanneer je op blote voeten een wandeling in de branding maakt: ook de kleine pieterman, een giftig visje met bijzonder pijnlijke stekels, zoekt steeds vaker onze streken op!

25 JULI

ONZE NATUUR

Groene anti-roest

De **gehoornde klaverzuring** is een klein plantje dat onopvallend mooi staat te wezen in moestuinen, potten en tussen de stenen op straat. De hartvormige, bruine blaadjes staan in fel contrast met de knalgele bloemetjes, die van april tot oktober zichtbaar zijn. Bij de afwisseling van zon naar schaduw of dag en nacht toont de gehoornde klaverzuring trouwens opvallend gedrag. De plant sluit haar bloemen en blaadjes om ze weer te openen bij zonlicht. Maar er is nog een goede reden waarom je dit 'onkruid' zeker niet zomaar moet uitdoen. In de blaadjes van de gehoornde klaverzuring zit een stofje dat van pas kan komen. Het sap van de klaverzuring werkt namelijk prima als anti-roestmiddel.

09 JUNI

Achter de schermen: boterhammen met een nasmaak

Camera-assistent Daniël Wiersma: 'Een van de allereerste keren dat ik Pim mocht assisteren, gingen we met een hele

ploeg ringslangen en boomkikkers filmen. Op een zomerse dag vatten we post in een magnifiek natuurgebied, we hoorden zelfs de wielewaal zingen. Na een vruchtbare voormiddag filmen maakten de collega's zich klaar om te gaan lunchen in een snackbar in de buurt. Om niet alles te hoeven afbreken stelde ik voor om bij het materiaal te blijven. Mijn boterhammendoos was immers goedgevuld, ik hoefde niet zo nodig naar de horeca.

De zomerse temperaturen dreven mij naar de schaduw van een oude eik. De collega's bleven lang weg, dus dommelde ik met één oog open weg op mijn heerlijke plekje. Na dat deugddoende relaxmoment kon ik weer zo fris als een hoentje aan de slag. Maar met het vorderen van de dag kleurden mijn armen rood en begonnen ze verschrikkelijk te jeuken. Thuis bleek mijn hele lichaam vol met uitslag te staan. Was ik echt zo stom geweest om te lunchen onder een nest **eikenprocessierupsen**? Had ik die dag maar geen boterhammen gesmeerd...'

24 JULI

ONZE NATUUR

Krabbenrace

Op een pier, vanaf een golfbreker of tussen de rotsen aan zee kun je prima kleine krabben vangen. Deze tienpotige waterdiertjes laten zich het best vangen bij hoogwater. Wat heb je nodig? Een zelfgemaakte hengel (een lange stok), een touwtje en wat aas. Krabben zijn bijvoorbeeld dol op mosselen. Maak een halve mossel vast aan het touwtje van je hengel, eventueel met een haakje, en hang de mossel in het water. Nu is het geduldig wachten tot een krab van de mossel komt eten. Voel je iets bewegen? Trek je touwtje snel omhoog en gooi de krab in een emmer met zeewater. Wanneer je verschillende kleine (of grote) krabben hebt gevangen, is het tijd voor een spannende krabbenrace! Teken een grote cirkel op het strand en laat alle krabben tegelijk los in het midden van de cirkel. Welke krab sprint als eerste zijwaarts over de finish? Die wint en krijgt... een aai over zijn bol. Voor je naar huis gaat, laat je de krabben natuurlijk weer vrij in de zee. Zo kun je ze bij een volgend bezoek aan zee misschien wel opnieuw vangen!

10 JUNI

ONZE NATUUR

Sierlijke kopveren

In de zomer tooit de **kleine zilverreiger** zijn hoofd met twee lange, witte sierveren. Die geven hem een oogstrelende uitstraling, maar bezorgden hem lange tijd ook heel wat kopzorgen. Eeuwenlang – zelfs nog tot het begin van de vorige eeuw – werd de vogel geviseerd door hoedenmakers die zijn pluimen op hun hoeden wilden steken. In de 19de eeuw zouden er jaarlijks miljoenen reigerhuiden verhandeld zijn in Europa, en ook aan het begin van de 20ste eeuw bleven zijn lange, witte veren een gegeerd goed. Men zegt weleens dat een kilo sierveren van de kleine zilverreiger meer kostte dan een kilo goud!

Gelukkig is deze prachtige reiger niet langer vogelvrij en krijgt hij nu alle bescherming die hij nodig heeft. Wil je zijn Donald Duck-achtige gekwebbel live horen? Bezoek dan in de zomer de Zwinbosjes of de moerassen van Harchies in Wallonië.

23 JULI

ONZE NATUUR

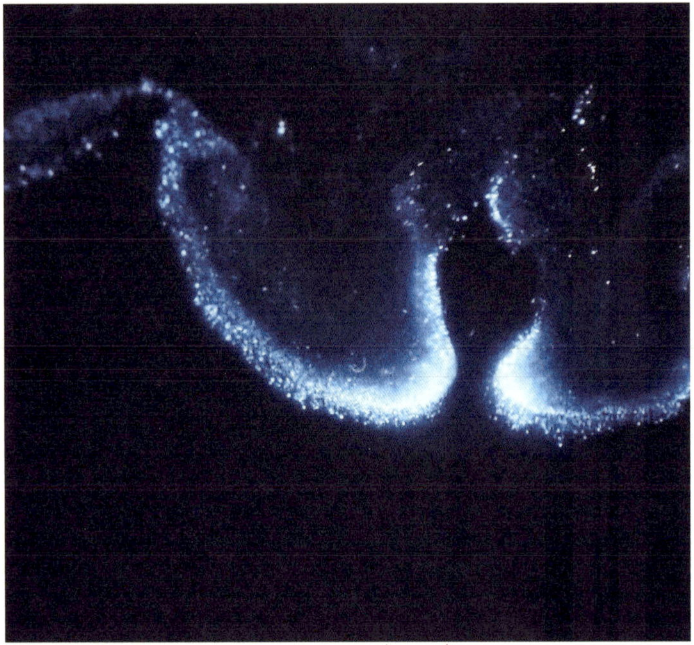

Vonken op zee

Zeevonk is een magisch fenomeen dat je gezien moet hebben! Als je dit lichtgevende zeespektakel van dichtbij gezien hebt, kun je er niet meer over zwijgen. Zeevonk is een eencellig organisme dat in onze **Noordzee** leeft. Als de microscopisch kleine algen in bloei staan, hebben ze bij daglicht een oranjerode kleur en drijven ze als een slijmerige substantie in het water.

Pas 's avonds en 's nachts gebeurt de magie. Wanneer zeevonk verstoord wordt, geeft het organisme licht als gevolg van een biochemische reactie. Eén lichtgevende zeevonk zul je niet snel zien, maar bij warm weer en veel zon kan zeevonk zich exponentieel snel vermenigvuldigen. Het resultaat van al die reagerende zeevonken samen is echt betoverend mooi: bij de minste beweging van het zeewater verschijnt een felblauwe gloed! Wanneer maak je het meeste kans om zeevonk te spotten? Een aantal dagen met aanhoudende zomerse temperaturen boven 25 °C en weinig wind beloven veel goeds!

11 JUNI

Pluizige (sig)aren

Rond deze tijd zie je de bruine aren van de **grote lisdodde** opduiken aan de rand van ondiepe sloten, rivieren en poelen. De hoge rietstengels filteren het water, maar dat is niet het enige wat deze rietsigaar bijzonder maakt. Tussen de stengels en wortels vinden kleine waterbeestjes het prima wonen. Zodra de rietsigaar uitgebloeid is, komen donkerbruine pluizen tevoorschijn. Het zijn de zaden, die zich met hulp van de wind zullen verspreiden. Wist je dat de grote lisdodde enorm veel zaadjes produceert én erg lang leeft als meerjarige plant? Dat is een uitzonderlijke combinatie in onze natuur. Meestal produceren planten met een lange levensduur namelijk maar weinig zaden en omgekeerd.

22 JULI

Een vergiftigd geschenk

In de maanden juni en juli kun je de **sint-jansvlinder** spotten: een dagactieve nachtvlinder, zwart met rode stippen. Zijn ultieme bruidsgift zullen wij niet snel op onze verlanglijst zetten, want het is een portie giftig cyanide. Dat goedje maakt de vlinder zelf aan als afweermiddel tegen vijanden.

Vrouwtjes van de sint-jansvlinder hebben een boontje voor mannetjes die extra veel gif produceren, want daar plukken ze zelf de vruchten van. Tijdens het paren draagt het mannetje immers een deel van zijn venijn over aan het vrouwtje, dat het geschenk op haar beurt aan haar nakomelingen doorgeeft. Zo komen ze goed beschermd aan de start van hun verdere leven.

12 JUNI

ONZE NATUUR

Mollenstreken

Terwijl half Vlaanderen slechts acht weken per jaar verzamelen blaast op zondagavond om de spreekwoordelijke Mol te ontmaskeren, moeten sommige tuinbezitters wat langer geduld oefenen om die fanatieke graafmachine bij de lurven te vatten. Een mol zal pas stoppen met grond afvoeren als zijn ondergrondse huisje helemaal klaar is. En als je met een perfectionistische binnenhuisarchitect te maken hebt, kan dat best wat tijd in beslag nemen.

Maar wist je dat een mol in je tuin ook goed nieuws betekent? Molshopen ontsieren misschien je strakke gazon, maar de slechtziende bouwheer in kwestie brengt wel lucht in de grond, trekt onverteerde humus naar diepere lagen en verbetert op die manier de bodemkwaliteit. Wil je toch van die hoopjes aarde op je grasmat af, dan kun je ze het best voorzichtig over het gras verspreiden met een hark in plaats van ze te vertrappelen, want dan begint de mol zijn sabotageactie gewoon weer van voren af aan. Strooi een beetje graszaad over de kale plek en binnen enkele weken zie je er niets meer van!

21 JULI

NATIONALE FEESTDAG

Koninklijke natuurweetjes

— Over koning Leopold II valt veel te zeggen, maar het Geografisch Arboretum in Tervuren hebben we wel aan hem te danken. Deze buitengewone verzameling werd op zijn vraag in 1902 aangelegd in het Zoniënwoud en telt tal van bomen en struiken uit de hele wereld.

— Een grote liefde voor de natuur vinden we ook bij koning Leopold III en zijn eerste echtgenote koningin Astrid. Dankzij hun steun aan het wetenschappelijk onderzoek werden 170 plant- en diersoorten – vooral vlinders, kevers en spinnen – naar hen genoemd bij wijze van bedankje.

— Hoog in de bomen op het domein van het kasteel van Laken woont een kolonie blauwe reigers. Er gaan al een tijdje stemmen op om de koninklijke tuinen toegankelijk te maken voor het publiek, maar daar steken deze majestueuze vogels nu misschien wel een stokje voor...

13 JUNI

Camouflagekunstenaar

Wie houdt van lange strandwandelingen, kwam aan de Noordzee misschien al eens het rugschild – ook wel 'zeeschuim' genoemd – van een **zeekat** tegen. Nee, dit is geen kat die per ongeluk in de woeste baren verzeild geraakt is, maar een inktvis! Hij is voorzien van tien tentakels: acht gewone om mee te zwemmen en twee langere armen die hij gebruikt om prooien te vangen. Met zijn snavelvormige bek, die tussen de tentakels ligt, bijt hij vervolgens zijn vangst dood.

Wil je een zeekat te zien krijgen, dan moet je in de lente en de zomer met je snorkel langs de kust dobberen, want na de paaitijd duikt hij naar een diepte van 100 tot 200 meter om te overwinteren. Bovendien laat hij zich niet zo makkelijk spotten: dankzij de pigmentcellen in zijn huid kan de zeekat in een mum van tijd van kleur veranderen om zich aan de omgeving aan te passen. Hij gaat dan volledig op in de achtergrond, tenzij je hem boos maakt... Dan verschiet hij plots van kleur en wordt hij helemaal wit!

20 JULI

ONZE NATUUR

Imposante uil

Deze gigantische uil is aan een flinke opmars bezig in ons land. Nadat de **oehoe** in de 19de eeuw volledig verdwenen was in onze contreien, begon hij in 1982 weer te broeden in de Ardennen. Ondertussen verovert hij ook gestaag de Vlaamse provincies – alleen in West-Vlaanderen broedt hij voorlopig nog niet.

Wanneer de oehoe zich bedreigd voelt, maakt hij zich dubbel zo groot:
— hij zet zijn veren op,
— buigt het hoofd voorover,
— slaat zijn vleugels uit,
— wiegt zachtjes heen en weer
— en trilt met zijn veren.

Wedden dat ook jij je uit de voeten maakt als er zo'n 'bolvormige' uil voor je staat?

14 JUNI

ONZE NATUUR

INTERNATIONALE DAG VAN DE BIODIVERSITEIT

Rups zkt. mierennest

Wanneer het **gentiaanblauwtje** een plek uitzoekt om eitjes te leggen, gaat het heel secuur te werk. De hemelsblauwe

vlinder zoekt zorgvuldig naar knoppen van de klokjesgentiaan, dicht bij een mierennest. Wanneer haar rupsen uit het ei komen gekropen, beginnen ze meteen aan de zachte delen van de bloem te peuzelen.

Na tien dagen van vetmesterij laat de rups zich op de grond vallen. Dat doet ze meestal tegen de avond wanneer mieren het actiefst zijn. De rups van het gentiaanblauwtje lijkt als twee druppels water op een mierenlarve en hoopt op een ontvoering door een steekmier. In het mierennest wacht haar een voorkeursbehandeling: ze wordt gevoed door ijverige werksters, die in ruil daarvoor mogen likken van een zoet goedje dat de rups uitscheidt.

Pas in het volgende voorjaar verpopt de rups tot vlinder. Een grote verrassing voor haar gastvrouwen, die het grote insect voor geen haar vertrouwen. De kersverse vlinder moet het nest uit, rennend voor haar prille leven!

19 JULI

Rode eyecatcher

Soms zie je klaprozen 'uit het niets' opduiken op plekken waar jarenlang geen vleugje rood te bespeuren was. Dat komt omdat het zaad van de klaproos of papaver jarenlang, misschien wel decennialang, overleeft in de grond. Pas wanneer de zaadjes zonder concurrentie vallen, steken ze de kop op. Ze verschijnen als eerste op het toneel waar de grond omgewoeld of het gras gemaaid wordt. Daarom zag je de bloem vroeger vaak op akkers, tussen het graan, samen met andere akkerbloemen zoals de korenbloem.

Een combinatie van intensieve bemesting en onkruidbestrijding heeft de rode eyecatcher verdrongen, maar volhardend als de klaproos is, weet ze zich te handhaven aan de akkerranden. Thuis eens proberen? Kies een plekje in je tuin waar je geen innige band mee hebt en woel er de grond om. Verspil je papaverzaad niet op plaatsen waar al planten staan, want dan ben je eraan voor de moeite.

15 JUNI

ONZE NATUUR

Slagersvogel met een brilletje

De **grauwe klauwier** is een zichtjager die op een hoge tak uitkijkt naar prooien op de grond. Grote insecten zoals wespen, hoornaars en libellen zijn zijn lievelingskostje, maar ook kleine knaagdieren, reptielen en amfibieën ontkomen niet aan zijn moordzucht. Die grotere prooien doodt hij met een scherpe 'pik' in de achterkant van de kop, waarna hij zijn slachtoffer

bijna onmiddellijk in stukken rijt. Wat hij niet meteen kan opeten, bewaart hij voor later in de vorm van een lugubere 'brochette' op doorntakken of zelfs prikkeldraad.

Het wrede karakter van deze kleine, gemaskerde vogel – hij is amper 17 centimeter lang – schemert door in de namen die het beestje toebedeeld krijgt in verschillende talen:

- *Lanius*, zijn wetenschappelijke geslachtsnaam, betekent letterlijk 'beul' of 'slachter'.
- Tot zijn Nederlandse bijnamen horen onder andere 'doorndraaier' en 'de wurger'.
- In het Frans heet deze vogel *pie-grièche écorcheur*, waarbij het laatste deel vertaald wordt als 'viller'.
- In het Duits heeft hij de veelzeggende naam *Neuntöter* of 'negendoder', omdat hij negen slachtoffers zou doden voor hij ze opeet.
- In het Engels kreeg hij de bijnaam *butcher bird* of 'slagersvogel'.

18 JULI

ONZE NATUUR

Gestrande gelatine

Wie ooit een kwallenbeet heeft opgelopen, zal misschien niet zo enthousiast zijn over deze sierlijke, mysterieuze neteldieren. Toch kun je het een kwal niet kwalijk (heb je 'm?) nemen dat hij tegen je aanbotst. Op hun zwemrichting hebben kwallen namelijk bijzonder weinig invloed: vaak zit er niets anders op dan zich te laten meevoeren door de stroming. En als de wind lange tijd uit het oosten waait, worden ze door de onderstroming richting strand geduwd, waar ze in de meeste gevallen een gewisse dood wacht.

Tussen april en september kun je aan de Belgische kust oog in oor – hij heeft er vier – komen te staan met een **oorkwal**. Aangespoeld lijkt hij op een doorzichtige schijf gelatine, met een diameter van maximaal 40 centimeter. Voor een beet hoef je niet bang te zijn als je per ongeluk op een oorkwal trapt: de netelcellen van deze soort kunnen amper door onze huid dringen. Heb je er eentje aangeraakt? Let dan op dat je niet aan je ogen, neus of lippen komt, want dat kan wel een allergische reactie veroorzaken.

16 JUNI

ONZE NATUUR

Alles behalve eikels

Dit is weer zo'n geval waarvan je je afvraagt hoe hij aan zijn naam gekomen is, want eikels zijn zowat het enige wat niet op het gevarieerde menu van de **eikelmuis** staat. Met zijn lange pluimstaart en zijn zwarte Zorro-maskertje heeft deze slaapmuis alle troeven in huis om de meest aaibare Onze Natuur-favoriet te worden. Alleen is hij wel lastig te spotten, want eikelmuizen leven 's nachts en ze hebben maar een beperkt aantal leefgebieden in ons land, voornamelijk in de leemstreek en aan de westkust.

Aangezien hij ongeveer de helft van het jaar in een diepe winterslaap verzonken is, beschikt de eikelmuis maar over een beperkte periode om zich bezig te houden met zijn voortplanting. Zo veel mogelijk nakomelingen produceren op een zo kort mogelijke tijd is dus de boodschap! Mannetjes proberen daarom zo veel mogelijk vrouwtjes tegelijk te bevruchten. In principe zijn de vrouwtjes vlak na de geboorte van hun eerste nestje alweer vruchtbaar, al levert dat in de praktijk zelden een tweede nestje op.

17 JULI

ONZE NATUUR

Lommelse spin

Deze betoverende, maar zeldzame spin-met-stippen komt in slechts acht Europese landen voor. In ons land vind je de **lentevuurspin** enkel in Lommel en alleen wanneer je erg goed zoekt. Het grootste deel van haar leven brengt deze soort immers ondergronds door. Pas wanneer alle omstandigheden optimaal zijn om zich te kunnen voortplanten, komen de mannetjes uit hun hol gekropen. Dat doen ze wanneer ze vijf jaar zijn. Vrouwtjes zijn pas met zes jaar geslachtsrijp en wachten ondergronds op hun prins. Een waterdichte strategie om niet met je broer in bed te belanden!

Na het paren spint het vrouwtje een cocon om haar eieren in te bewaren. Bij mooi weer brengt ze het broed naar buiten om op te warmen in de zon. Zodra ze geboren zijn, krijgen de jongen voorverteerd voedsel te eten. En vlak voor de hongerige jongen hun geboortehol verlaten, biedt het vrouwtje haar eigen lichaam aan het nageslacht aan. Een ultieme daad van moederliefde.

17 JUNI

Slimme boterbloem

Rond deze tijd staan de gele boterbloemen her en der in bloei. Op het eerste gezicht lijken de kruipende boterbloem en de scherpe boterbloem sterk op elkaar. Gelukkig heb jij deze kalender in handen en weet je over enkele seconden al hoe je de twee makkelijk uit elkaar houdt: de **kruipende boterbloem** heeft een geribbelde bloemsteel en de andere niet. Hoe lief deze gele boterbloem er ook mag uitzien, deze plant is licht giftig. Let maar eens goed op: boterbloemen worden nooit opgegeten door grazend vee in een weide. Het gif is dus eigenlijk niet meer of niet minder dan een slimme manier van de boterbloem om zichzelf alle kansen op verspreiding te geven.

16 JULI

ONZE NATUUR

INTERNATIONALE DAG VAN DE SLANG

Sissende schoonheid

De slang een exotisch dier? *Think again.* Ook in België komen slangen voor: drie inheemse soorten – de gevlekte ringslang, de adder en de gladde slang – en één uitheemse: de **Chinese prachtslang**. En die moet je niet ergens diep in de Ardense bossen gaan zoeken, maar in Limburg, vlak bij de stad Hasselt.

Haar verhaal begon met enkele ontsnapte rattenslangen uit een dierenwinkel, maar ondertussen heeft de volgende generatie zich permanent genesteld in de buurt van spoorbeddingen, waar het knus en warm toeven is. Haar nieuwe naam heeft de Chinese prachtslang te danken aan haar oosterse afkomst en de mooie tekeningen en kleuren die haar schubben sieren.

Wees niet bang: ze is geen concurrent voor onze inheemse slangen en ze is bovendien niet giftig. Zolang ze zich niet invasief gedraagt, mag de Chinese prachtslang rustig blijven zitten waar ze zit.

18 JUNI

Zwemmende zangvogel

De **waterspreeuw** houdt van heldere, snelstromende beken en rivieren. In het binnenland zul je hem dan ook zelden tot nooit aantreffen. Deze zangvogel met een witte borst heeft zich perfect aangepast aan een leven op de grens tussen land en water. Hij deinst er niet voor terug om kopje-onder te duiken, hij slaat onder water met zijn vleugels om zich voort te bewegen en kan zelfs over de bodem van rivieren stappen. Tegen de stroming in zoekt hij naar de kleine waterdiertjes waar hij zo verzot op is.

15 JULI

Geen kippendief

De **bruine kiekendief** is met zijn spanwijdte tot 140 centimeter een indrukwekkende roofvogel. Toch heeft de doorsneekip niets van hem te vrezen. Deze vogel is immers niet in staat om een volwassen kip te ontvoeren. Waarom kreeg hij dan wel die tot de verbeelding sprekende naam toebedeeld? Omdat hij er niet voor terugdeinst om jonge vogels (kuikens of *kiekens*) uit het nest te roven.

Zelf brengt de kiekendief zijn jongen groot in een beschut grondnest, tussen het riet of op een graanakker. Hij is bijzonder gevoelig voor nestverstoring. Wanneer een nest gespot wordt op een bebouwde akker, mag de landbouwer in de onmiddellijke omgeving van het nest geen werken uitvoeren tot de jongen uitgevlogen zijn.

19 JUNI

ONZE NATUUR

Natuurlijk lichtspektakel

Wanneer de kortste nacht van het jaar nadert, maken **vuurvliegjes** of glimwormen zich klaar voor hun sprookjesachtige lichtballet. Maar wat krijg je dan te zien: wormen of vliegen? Eh... wat als we je vertellen dat het om twee keversoorten gaat? De twee benamingen duiden trouwens niet die soorten, maar de verschillende geslachten aan. 'Vuurvlieg' is het mannetje, met vleugels en een echt keverschild. 'Glimworm' is het vrouwtje, dat eruitziet als een wormachtige larve zonder vleugels of dekschild. Tja, we hebben het ook niet zelf verzonnen...

Terug naar de orde van de dag. Wil jij die ledlampjes van Moeder Natuur ook eens in actie zien? Ga dan op zoek tijdens de paartijd (juni-juli) in vochtige bermen, weilanden, oevers of tuinen. Ze steken hun lampje aan vanaf het einde van de schemering tot ongeveer drie uur na zonsondergang. Hoe minder lichtvervuiling, hoe makkelijker je ze kunt zien schitteren. Wat je te zien krijgt wanneer alle puzzelstukjes samenvallen, is in één woord betoverend.

14 JULI

ONZE NATUUR

Broodje alfalfa

Luzerne is een vaste plant met een rijke historiek. Het is een van de meest gecultiveerde plantensoorten uit onze geschiedenis! Zo werd luzerne vaak ingezaaid op akkers als groenbemester. In de zomermaanden toont deze telg uit de vlinderbloemenfamilie zijn trossen met prachtige blauw-paarse bloemen op lange stengels. De vorm van de peulvrucht is minstens even mooi. Het doet wat denken aan de Griekse letter alfa: α. Aangezien er twee windingen zijn, kwamen de Engelsen op het idee om alfa-alfa te zeggen. Dat werd later alfalfa. Wist je dat luzerne ook nu nog gegeten wordt? Alfalfa is populair als kiemgroente op een broodje of in salades. De zaadjes ontkiemen supersnel, in vijf dagen, en zitten bomvol eiwitten, vitamines en mineralen. Het proberen waard!

20 JUNI

ONZE NATUUR

Achter de schermen: vuurvliegjes spotten

Cameraman Dick Harrewijn: 'Vuurvliegjes zijn heel moeilijk vast te leggen omdat ze zich maar enkele dagen per jaar gedurende een korte tijdspanne laten zien. Je moet dus echt op het goede moment op de goede plaats zijn – dé basisvereiste voor een goede natuurdocumentairemaker. En rarara... Volgens de glimwormenwerkgroep van Natuurpunt heb je de beste kans om vuurvliegjes te zien in het Eikenbos, vlak naast het kantoor van productiehuis Hotel Hungaria, waar de redactie van Onze Natuur zit. Toeval bestaat niet, toch?

Iedereen zegt dat het een ervaring is die je nooit meer vergeet, en dat klopt ook echt. Terwijl het langzaam donker wordt, zie je een eerste lichtje opduiken. Dan volgt er nog een, en nog eentje... en voor je het weet, vliegen overal in het bos groene lampjes. Nog voor je in de gaten hebt waar je precies naar staat te kijken, is het alweer voorbij. Net een sprookjesbos! Jammer genoeg heeft zowel de kleine als de grote glimworm erg te lijden onder de toenemende lichtvervuiling, waardoor de mannetjes de vrouwtjes niet meer kunnen vinden.'

13 JULI

Achter de schermen: onfortuinlijke eekhoorn

Camera-assistent Jeffrey van Houten: 'Soms maak je tijdens het filmen van een natuurdocumentaire echt waanzinnige toevalstreffers mee, die je helaas niet altijd op beeld kunt vastleggen. Toen we het verhaal van de zwarte specht aan het filmen waren – van het uithakken van het nest tot het uitvliegen van de jongen – hoorde ik plots wat gestommel. En dat klinkt misschien gek, maar vanuit mijn ooghoek zag ik twee dieren uit de lucht vallen!

Ik haal mijn blik van achter de camera om te zien wat ik gemist heb en zie een eindje verderop een **havik** op een **eekhoorn** zitten. De roofvogel had zijn slachtoffer koudweg en met veel kabaal uit een boom geslagen en landde nu op de grond met het knaagdier in zijn vervaarlijke klauwen. In een reflex probeerde ik mijn camera op het tafereel te richten, maar die havik schrok zich natuurlijk rot! Hij vloog weg en de eekhoorn bleef een beetje verward achter. Ik denk wel dat hij het gered heeft, want nog geen minuut later schoot hij alweer de bomen in.'

21 JUNI

ONZE NATUUR

START VAN DE ZOMER

Professionele zonnekloppers

Eindelijk, daar is de zomer! Eigenaars van zonnepanelen wrijven zichzelf al in de handen, maar ook in de natuur vind je rasechte zonnekloppers die geen straaltje onbenut laten.

- **Vlinder:** om moeiteloos door de lucht te fladderen moet een vlinder eerst zijn vleugelspieren opwarmen. Zelfs het kleinste briesje kan hem weer helemaal afkoelen, dus gaat hij ook na elke vlucht met gespreide vleugels op een beschut plekje in de zon zitten.
- **Hagedissen:** reptielen zijn koudbloedige dieren en hebben dus de warmte van de zon nodig om op temperatuur te komen. De zandhagedis gebruikt de zon zelfs als broedmachine, nadat ze haar eitjes in een holletje onder de grond heeft gelegd.
- **Vogels:** de meeste vogels zijn gek op zonnebaden met uitgestrekte vleugels. Niet alleen helpt het ze om het vet uit hun stuitklier over hun verenkleed te verspreiden, maar de warmte van de zon jaagt ook de parasieten tussen hun veren weg. Pure wellness dus!

12 JULI

3-in-1-airco met blaadjes

Als er één eiland is waar je deze zomer niet wilt zijn, is het een hitte-eiland. In de stad kreunen we almaar meer onder de zomerse hitte. Stenen, beton en asfalt houden er de warmte vast. Een van de oplossingen ligt in onze natuur. Meer groen in de stad zorgt op bijna magische wijze voor verkoeling. Eén grote boom staat gelijk aan tien airco's!

Hoe flikken bomen dat? Hun natuurlijke koelsysteem werkt op drie manieren. Eerst en vooral zweten planten en bomen net als mensen. Ze verdampen vocht via hun bladeren (evapotranspiratie). Die waterdamp stijgt de lucht in, koelt de aarde af en leidt tot neerslag, wat ook een verfrissend effect heeft. Schaduw is het tweede middeltje waarmee bomen en planten onze planeet afkoelen. Waar is het in de zomer beter vertoeven dan onder het beschermende bladerdek van een grote boom? Bossen bieden ook een koele woonplaats voor veel dieren. De derde, en misschien allerbelangrijkste, troef van bomen in de stad is dat ze koolstofdioxide, een broeikasgas dat de aarde opwarmt, uit de atmosfeer halen en opslaan in hun bast. Door er gewoon te zijn helpen bomen onze lucht te zuiveren. Cool!

22 JUNI

Wilde bloemenpracht

Madeliefjes en paardenbloemen komen van nature veel voor in onze tuinen en parken. Wist je dat de paardenbloem 11 milligram nectarsuiker per dag produceert? Ze is de onbetwiste nectarkampioen! Als je wilt, kun je nog meer biodiversiteit in je tuin brengen door zelf wilde bloemen te zaaien of een eigen bloemenweide aan te leggen. Kies voor inheemse bloemen zoals wilde marjolein, koninginnenkruid en grote kattenstaart. Al die bloemenpracht vormt een belangrijke voedselbron voor kevers, rupsen, vlinders en andere insecten, die op hun beurt een feestmaal vormen voor veel vogels. Heb je geen tuin, maar wel een terras? Denk dan aan potplanten zoals lavendel, wilde margriet of kamperfoelie.

11 JULI

ONZE NATUUR

Zwemmen in openlucht

Op zoek naar verfrissing? Zwemmen in de natuur is een uitstekend idee als je wilt ontsnappen aan de hitte en de drukte in de stad. Zowel Vlaanderen als Wallonië telt heel wat leuke natuurplekjes en erkende zones waar je kunt zwemmen of pootjebaden in openlucht. Denk aan De Gavers in Harelbeke, de Paalse Plas in Beringen, de Lacs de l'Eau d'Heure bij Charleroi of het meer van Robertville in de Hoge Venen. Deze natuurlijke zwembaden zijn in de zomer een speelparadijs voor kinderen en de rest van het jaar voor vogels. Cool, hè? Let wel op: in België mag je niet zomaar overal het water in duiken. Kijk dus altijd eerst online om te weten welke erkende zwemzones en openluchtzwembaden bij jou in de buurt geopend zijn.

23 JUNI

ONZE NATUUR

Deze spin verandert van kleur

De **kameleonspin** is een meester in de camouflage. Zoals een kameleon kan ze van kleur veranderen, om makkelijker haar grote prooien te verrassen. Op gele bloemen stuurt de kameleonspin geel pigment naar haar huidcellen, dat weer verdwijnt wanneer ze verhuist naar een witte bloem. Ze moet echter zeker zijn van haar stuk: het duurt soms meerdere weken om van de ene kleur in de andere over te gaan... Geduld is een schone zaak, ook wanneer je leven ervan afhangt!

10 JULI

ONZE NATUUR

Zorro

Met zijn zwarte oogband en vleugels als cape ziet de **klapekster** eruit als een echte 'Zorro'. Officieel behoort hij tot de zangvogels, maar zijn gedrag lijkt meer op dat van een meedogenloze roofvogel. Hij spiest zijn kleine prooien – muizen, kikkers, vogels... – levend op een scherpe doorn. Zo kan hij wat voedsel bewaren voor later, want niet alles past gelijktijdig in zijn maag. Bovendien zijn zijn poten niet sterk genoeg om zo'n kadaver aan stukken te rijten. Dan komt een stevige doorn goed van pas! Tijdens de paartijd stalt hij zijn vangsten uit op opvallende plekken. Wie de lekkerste satés in de aanbieding heeft, gaat met het mooiste vrouwtje lopen!

24 JUNI

ONZE NATUUR

Paddenregen

Trekt er na een lange, warme periode van droogte plots een buienfront over het land, dan stijgt de kans op een heel bijzonder natuurfenomeen. Honderden tot soms wel duizenden minuscule **padjes** en **kikkertjes** verschijnen plots ten tonele, alsof ze uit de hemel komen vallen. Voor hen is dit hét moment om uit hun voortplantingspoelen te komen en hun eerste stapjes in de wereld te zetten.

Kijk dus goed naar je voeten op een regenachtige zomeravond, want voor je het weet heb je een kroostrijke familie gewone padden vertrappeld... Vaak zijn ze amper groter dan de nagel van je pink! Bereiken ze eenmaal veilig een stukje natuur in de buurt, dan kunnen ze daar de rest van de zomer aan land doorbrengen.

09 JULI

ONZE NATUUR

Pad in nood

Door de droogte van de laatste jaren is het voortbestaan van de **vroedmeesterpad** erg onzeker geworden. Het opdrogen van haar voortplantingspoelen kan nefast zijn voor de soort, omdat de larven lange tijd onder water moeten doorbrengen. Bovendien zorgt de toenemende verbossing van haar leefgebied ervoor dat ze steeds minder plekjes vindt waar ze lekker op een steen in de zon kan zitten.

Om de populaties een duwtje in de rug te geven, worden vroedmeesterpadden opgekweekt en uitgezet in nieuw gecreëerde leefgebieden. Zo worden nieuwe open plekken met zonnige houtstapels en steenhopen aangelegd, maar ook nieuwe voortplantingspoelen gegraven. Bestaande poelen worden dieper gemaakt, zodat ze beter bestand zijn tegen lange periodes van droogte. Hopelijk zijn we er nog op tijd bij om de vroedmeesterpad op die manier van een gewisse ondergang te redden!

25 JUNI

ONZE NATUUR

Regenboogvis

De **bittervoorn** wordt weleens de mooiste vis van ons land genoemd. Met zijn prachtig gekleurde schubben zou hij niet misstaan in een tropisch aquarium! Je herkent hem aan zijn lange rugvin en de groenblauwe streep die vanaf de staartbasis naar het midden van het lichaam loopt. Het mannetje heeft ook nog eens een felrode vlek in het oog. Tijdens de paaitijd kleuren zijn aarsvin en een deel van zijn rugvin oranje en verschijnt er een fabelachtige, lila glans op zijn schubben – een handig hulpmiddel in zijn poging om vrouwtjes te verleiden.

Zodra hij een gewillige partner gevonden heeft, sluit het kersverse koppeltje vriendschap met een zoetwatermossel, die als kraamkamer zal fungeren voor de eitjes. De uitgekomen larven blijven nog een tijdje genieten van hun veilige huisje voor ze de mossel verlaten. Slim gezien, want deze tactiek stuwt hun levensverwachting de hoogte in, wat maakt dat het vrouwtje veel minder eieren (een honderdtal) moet leggen dan de gemiddelde vis.

08 JULI

ONZE NATUUR

Een neus als een boormachine

Deze pronte kever legt zijn eitjes in onrijpe eikels. Zijn lange, gekke snuit dient als ingebouwde miniatuurboormachine om piepkleine gaatjes te boren in nog groene eikels aan de boom. Zo verschaft mevrouw **eikelboorder** zich toegang tot haar privékraamkliniek, waar ze haar bevruchte eieren in deponeert.

Wanneer de kleine eikelboorderlarven uitkomen, is hun tafel al gedekt. Hoog en droog smullen ze de binnenkant van de noot helemaal leeg. In de herfst valt hun woning met een rotvaart naar beneden. Boem! De volgende fase van hun leven is aangebroken.

De larven komen uit de eikel, kruipen 25 centimeter diep onder de grond en maken zich klaar om te verpoppen. Pas in de zomer van het volgende jaar kruipen ze als volwaardige eikelboorders weer uit de grond.

26 JUNI

ONZE NATUUR

Antimuggenmiddel met een geurtje

Welk kruid vind je terug met je ogen dicht – en je neusgaten wijd open? De uien- of lookachtige geur van **look-zonder-look** ruik je niet van een afstand, zoals bij daslook, maar komt pas vrij wanneer je over de bladeren wrijft. De plant is geen familie van ui of knoflook, vandaar de naam look-zonder-look. Je herkent deze plant ook makkelijk aan de felgroene, hartvormige bladeren, lange bladstelen en trosjes met witte bloemen. Look-zonder-look wordt soms tot wel 100 centimeter hoog en houdt van ruige stukken land en vochtige bossen.
In de volksgeneeskunde werd deze kruisbloemige plant trouwens ook als middel tegen astma en jeukende muggenbeten gebruikt. De doordringende lookgeur moet je er dan wel bij nemen.

07 JULI

Onetrickpony

Wanneer een **muurhagedis** bij zijn staart wordt gegrepen door een roofvogel, breekt die staart af en blijft hij nog een tijdje kronkelen om de vijand af te leiden, om daarna in volle glorie weer terug te groeien. *It's magic!* Maar klopt het eigenlijk wel? Nou, het is geen fabeltje, maar je moet het wel met een korreltje zout nemen.

Op de plaats waar de staart afbreekt – een speciale wervel die wat zwakker is dan de rest van de staart-wervels – knijpen de spieren samen, zodat het bloeden snel stopt en er een korstje op de wond komt. Na een hele tijd groeit er daadwerkelijk een nieuwe staart, maar die zal nooit de lengte van het originele model krijgen en hij kleurt ook een tintje donkerder. De nieuwe staart is bovendien een pak minder flexibel, omdat hij volledig uit kraakbeen bestaat. Het is dus een trucje dat de hagedis maar één keer in zijn leven kan uitvoeren.

27 JUNI

ONZE NATUUR

Zo doof als een kwartel

Waar deze uitdrukking vandaan komt, is ons een groot raadsel. Want waarom zou een prooidier, dat moet kunnen reageren op de minste bedreiging, zijn gehoor kwijtraken? Dat is te gek voor woorden: **kwartels** horen prima en gebruiken hun stem om te communiceren, net zoals andere vogels. Toch dacht men niet eens zo lang geleden dat deze dieren écht doof waren. Dat heeft te maken met hun overlevingsstrategie bij gevaar: voelen kwartels zich in het nauw gedreven, dan blijven ze doodstil zitten met hun lichaam tegen de grond gedrukt. Hun uitstekende camouflage vormt daarbij een enorm grote hulp. Kan je geoefende oog toch een kwartel spotten, dan kun je moeiteloos zó dichtbij komen dat je onterecht zou denken dat hij je niet gehoord heeft. Tot hij plots toch wegvliegt – tot daar en niet verder!

06 JULI

ONZE NATUUR

Hoeveel blaadjes telt een madeliefje?

Vanuit botanisch oogpunt is een madeliefje geen bloem, maar een verzameling van een heleboel kleine bloempjes. Elk wit blaadje van het bloemhoofd is dus een aparte bloem, meer bepaald een 'straalbloem' met enkel vrouwelijke voortplantingsorganen. Het gele hart van het madeliefje bestaat uit een verzameling van tweeslachtige 'buisbloemen' met stampers en meeldraden. De vraag is dus niet 'hoeveel blaadjes telt een madeliefje?' maar wel 'hoeveel straalbloemen telt het madeliefje?' En het antwoord? Het aantal blijkt nogal te variëren. Doe zelf de test: pluk drie madeliefjes en tel het aantal straalbloemen. Wedden dat je drie verschillende cijfers uitkomt? Het madeliefje is trouwens niet de enige bloem met deze speciale bloeiwijze. Ook margrieten, paardenbloemen en distels groeien en bloeien op deze manier.

28 JUNI

ONZE NATUUR

Wilde bijen in de rats

Hommels incluis telt ons land meer dan vierhonderd wilde bijensoorten. De meeste van die bijen zijn solitair en elke soort heeft zo haar eigen voorkeuren. Hoe selectiever die voorkeur, hoe kwetsbaarder de bij.

De **knautiabij** bijvoorbeeld is heel zeldzaam geworden in Vlaanderen en dat heeft alles te maken met haar waardplant. Zonder grote concentraties beemdkroon (wetenschappelijke naam: *Knautia arvensis*) is de solitaire bij ten dode opgeschreven. De knautiabij is heel honkvast, ze durft zelfs de weg niet over te steken om nieuwe stuifmeelbronnen aan te boren. Daarom is het extra belangrijk om bermen niet te vroeg te maaien. Alleen door haar waardplant netjes te laten uitbloeien (in juni en juli) én hem zijn zaden te laten verspreiden, heeft de knautiabij nog een kans.

05 JULI

Natuurgebied van de maand: het Park van Furfooz

Aan de oevers van de Lesse, niet ver van Dinant, kun je verdwalen in de vele grotten, verdwijngaten en spelonken van het massief van Furfooz. Maar daarmee houdt het allerminst op: panoramische vergezichten en geschiedkundige vondsten zorgen voor een afwisselend avontuur wanneer je dit park bezoekt. Al in de prehistorie werden deze grotten bewoond, maar ook de Romeinen drukten hun stempel op het gebied met een eeuwenoud badhuis en in de middeleeuwen werd hier een strategisch fort opgetrokken.

Gelukkig kom je ook als natuurminner goed aan je trekken in het Park van Furfooz. De voedselarme kalkgraslanden trekken een bijzondere biodiversiteit aan en vormen een mooie afwisseling met de steile ravijnbossen. Met een beetje geluk kun je hier de slechtvalk zien jagen in zijn natuurlijke habitat. Je vindt het Park van Furfooz op dit adres: Rue du Camp Romain 79, 5500 Dinant.

29 JUNI

ONZE NATUUR

Gek op wespen

Een wesp in je mond is niet iets waar je tijdens een zomerse pick-nick op zit te wachten. Daar denkt de **wespendief** anders over: deze forse roofvogel heeft van wespen eten – of toch hun larven en poppen – zijn specialiteit gemaakt. Hij speurt de grond af naar een wespennest, baant zich met zijn stevige klauwen een weg naar binnen en haalt de lekkernijen rechtstreeks uit de raten van het nest. Moeder Natuur heeft hem voorzien van een perfecte veilig-heidsuitrusting: een dicht veren-kleed rond snavel en ogen, spleet-vormige neusgaten, lange wimpers en verhoornde poten. Geen woeste wesp die hem kan deren!

04 JULI

Fluitende scheten

In de volksmond wordt de **grote modderkruiper** ook weleens 'weeraal' genoemd. Door zijn gevoeligheid voor veranderingen in de luchtdruk, wordt hij immers erg onrustig wanneer er storm op komst is. Vroeger waren er zelfs landbouwers die de grote modderkruiper als 'huisdier' hielden om het weer te voorspellen. In geval van extreme droogte kruipt hij weg in de overblijvende modder, waar hij tot een jaar lang kan overleven in een staat van lethargie, in afwachting van nattere tijden.

Deze vis heeft echter nog een tweede bijnaam: de 'fluitaal'. Waar die naam vandaan komt, merk je meteen wanneer je deze glibberige vis probeert vast te pakken. Bij gevaar, maar ook wanneer hij zich in zuurstofarm water bevindt, past hij zijn manier van ademhalen aan. Hij hapt dan naar lucht aan het wateroppervlak en neemt de zuurstof op via zijn spijsverteringskanaal. De overtollige lucht verlaat zijn lichaam via de anus, wat een beetje klinkt als... fluitende scheten.

ONZE NATUUR

30 JUNI

Achter de schermen: *It's a (digital) wrap!*

Producer Line Leeters: 'Op 30 juni 2021 trokken de twee cameraploegen van Onze Natuur voor het laatst de Belgische natuur in met hun materiaal. Pim slaagde erin om het verhaal over de giftige adder af te werken, Dick moest afsluiten met een onvoltooide sequentie met een kruisspin in de hoofdrol. En zo ging het tweeënhalf jaar lang tijdens het draaien van onze documentaire: soms boek je succes, soms gooit de onvoorspelbare natuur je plannen in het water. Zo'n laatste draaidag wordt traditioneel afgesloten met een groot feest, een wrapparty. Maar omdat de ploeg verspreid was over allerlei groene uithoeken van België, tikte ik de verlossende woorden "It's a wrap" noodgedwongen in onze WhatsApp-groep. Een einde in mineur na zo'n drukke periode, maar dat hebben we ruimschoots goedgemaakt met een heerlijke barbecue een week later. Eindelijk klaar! Of ja... precies een jaar later – 30 juni 2022 – zijn we nog steeds aan het monteren en draait de postproductie op volle toeren. Natuurdocumentaires, je moet er wat geduld voor hebben!'

03 JULI

ONZE NATUUR

Gele insecteneter

De parmantige staart van de **gele kwikstaart** wipt voortdurend op en neer terwijl hij de bodem afspeurt naar lekkere hapjes. Op zijn menu staan allerlei kleine kriebelbeestjes: spinnen, vliegen, muggen, kevers... Je ziet hem regelmatig jagen in natte weilanden met runderen of paarden, waar veel insecten zwermen. Sinds de 20ste eeuw hupt hij echter steeds vaker rond op akkers, graanvelden en andere teeltvelden.

Helaas heeft dit vrolijke vogeltje het erg moeilijk om stand te houden in een wereld waar steeds intensiever aan landbouw wordt gedaan. Het gebruik van pesticiden is nefast voor zijn voedselaanbod en met het verdwijnen van akkerranden gaat ook zijn nestgelegenheid in rook op.

01 JULI

ONZE NATUUR

Zebrakuikens

Ma en pa **fuut** beschermen hun kroost op een aparte manier. Ze vervoeren de kleine, zwart-wit gestreepte kuikens op hun eigen rug over het water. Kunnen de jonge watervogels dan niet zelf zwemmen? Toch wel! Maar veilig in de futenboot zitten ze lekker warm en zijn ze beter beschermd tegen allerlei gevaren die in het water en in de lucht op de loer liggen.

Als allereerste maaltijd krijgen de futen-kuikens... veren voorgeschoteld! Die plukt de fuut van haar eigen lichaam om een beschermlaagje aan te brengen in de delicate maagjes van haar kroost. Wanneer ze even later hun eerste visjes inslikken, kunnen de vlijmscherpe graten geen schade aanrichten. Een braakbal later begint het hele ritueel opnieuw, een belangrijke les die de fuut zijn hele leven blijft onthouden!

02 JULI

ONZE NATUUR

Ruiken met je poten

Wil je als **vlinder** je nakomelingen de allerbeste start meegeven, dan kun je het best op zoek gaan naar een geschikte plant om eitjes te leggen. De meeste vlinder-rupsen zijn dol op één plant of op enkele planten, dat is hun 'waardplant'. Vlindervrouwtjes leggen hun eitjes alleen op die specifieke plant en om die te herkennen rekenen ze op hun poten. De ruige haartjes op die poten doorprikken – letterlijk – de plant waarop ze landen, waardoor die zijn identiteit prijsgeeft. De geurstoffen die vrijkomen verraden trouwens niet alleen met welke soort ze te maken hebben, maar ook hoe gezond de plant is. Het heeft immers geen zin eitjes te deponeren op een plant die ei zo na dood is!

Wil je meer vlinders zien fladderen, zaai dan niet alleen nectarhoudende bloemen waar vlinders van smullen, maar voorzie ook voldoende waardplanten voor hun rupsen. Onder andere brandnetel, look-zonder-look, wilde hop, dille, venkel en distel zijn waardevol rupsenvoer.